21ST
CENTURY
BUSINESS
PROFES-
SIONAL

#04

世界で活躍する
現役ビジネスパーソンが教える
「21世紀スキル」の授業へようこそ。

JN239032

グローバル化とIT化が急速に進み、
前例も成功法もない激動の時代。
それがいま私たちが生きる21世紀です。
そんな時代に求められるのは、
もはや「言われたことをきちんと実行する力」
「誰かに敷かれたレールの上をひた走る力」ではありません。
「自ら考える力」、「共創する力」、「自己進化する力」です。
本シリーズでは、どんな環境でも、どんな国でも、
生き抜いていけるビジネススキルを提供します。

どんなに素晴らしいアイデアを思いついても、
たいていの場合、ひとりでは実行できません。
まわりの人に共感してもらい、サポートしてもらう必要があります。
自分たちの考えたことを効果的に相手に伝えるためのツールが
事業計画なのです。

本書は、実際に授業を行い、その様子を収録したものです。
ぜひ、あなたも生徒のひとりになり、
一緒に考え、手を動かして問題を解き、
授業に参加してください。

では、ページをめくって、教室にお入りください。

はじめての
事業計画のつくり方

株式会社フィールドマネージメント
吉本貴志・伊藤公健

Discover

もくじ

1時間目 事業計画とは

事業計画って何？ 14

事業に必要な3つのこと 14

事業計画の例 16

事業計画は何のためにつくるのか？ 3つの目的 18

事業計画をつくる4つのステップ 21

STEP1 事業の意義を明確にする 21

STEP2 ビジネスモデルを考える 21

STEP3 期待成果を検証する 22

STEP4 具体的なアクションを明確にする 22

4つのステップを行ったり来たりしながら徐々につくっていく 23

まずは、ざっくりと最後までつくってみることが大事 27

2
時間目

STEP① 事業の意義を明確にする

①ミッションを明確にする 32
ミッションが重要な2つの理由 32
ミッションの策定方法 34
—**事例1**— スターバックスのミッションコーン 36
—**事例2**— BMWのミッションコーン 38

②事業の魅力度を考える 40
3Cを使って市場を分析する 41

②事業の魅力度を考える　市場を見る 42
定性的に見る①　「思いつきレベル」から「課題レベル」へ 43
定性的に見る②　ほんとうにニーズがあるのか検証する 45
定量的に見る　ニーズを定量化する 49
—**事例3**— 高齢者向け宅配弁当の市場を試算する 52
—**演習1**— インターネットスーパー事業の市場規模を試算する 62

②事業の魅力度を考える　自社と競合を見る　72
いちばんのキモ、KFSを設定する　73
事例4　SNS（ソーシャル・ネットワーキング・サービス）のKFS　74
事例5　ガソリンスタンドのKFS　74
事例6　ファストファッションのKFS　75
自社と競合を見るときの注意点　76
KFSの観点から自社と競合を比較する　80
事例7　ファストファッションをKFSで比較する　82
参考　競合について調べるときのヒント　85

3 時間目

STEP② ビジネスモデルを考える

③ビジネスモデルを考える　90
ビジネスモデルを考える4つのステップ①　バリューチェーンを理解する　94
ビジネスモデルを考える4つのステップ②　自社が戦う場所を明確にする　96
ビジネスモデルを考える4つのステップ③　外部パートナーとの連携の仕組みを考える　99

対価を得る仕組みを考える 102
ビジネスモデルを考える4つのステップ④
―事例8― 一般的な物販の課金パターン 104
―事例9― 定額課金パターン 104
―事例10― コピー機モデルの課金パターン 105
―事例11― 紹介業の課金パターン 106
―事例12― 広告ビジネスの課金パターン 107
―事例13― データ販売の課金パターン 108
―事例14― 銀行の課金パターン 109
ラインは何で儲けている？ 110
ビジネスモデルを考える2つのコツ 112
1 事業の生み出す付加価値をとことん考える 112
2 他社との違いをとことん考える 113
実際にビジネスモデルを考える 115
―演習2― インターネットスーパー事業のビジネスモデルを考える 115

4
時間目

STEP③ 期待成果を検証する

④経済的リターンを試算する 126
事業計画における経済性検証のポイント① 見るべき数字 129
事業にまつわる財務数字の全体像 129
PL（損益決算書）から事業の実力を見る 131
事業計画における経済性検証のポイント② 数字のつくり方 135
・到達地点（目標）を明確にする 135
・時系列で考える 136
・一時的な数字と、継続的な数字を分けて考える 137
⑤KPIを明確にする 138
KPIのつくり方A 目標を要素分解する 141
KPIのつくり方B 特に重要な要素（KPI）を見極める 145
―演習3― KPIを考える 150
期待成果を検証する2つのコツ 155

5 時間目

STEP④ 具体的なアクションを明確にする

⑥チーム・組織体制を考える 160
役割分担に便利なフレームワーク「RACI」 160
組織図に落とし込むときのポイント 163

⑦アクションプランとスケジュールを作成する 166
スケジュールを立てる3つのコツ 166

付録

事業計画資料のフォーマット 175

「はじめての事業計画のつくり方」修了証書授与式

おわりに

まわりの共感とサポートを得、実行される事業計画書とは 188
1 まわりの共感とサポートを得られるような事業計画書にする 188
2 ざっくりと全体をやってみて、徐々に精緻化していく 189
3 すべての要素を網羅する 190
修了証書 192

1 時間目

事業計画とは

事業計画って何？

ではさっそく始めましょう。そもそも事業計画って何でしょう？

事業に必要な3つのこと

事業を行うとき、何かしらビジネスを行うとき、いろいろやることはありますが、ここでは3つに分けてみました。

・アイデアを考える

これは、事業アイデアを考えたり、ニーズや実現性の初期検証をすることです。
たとえば何か新規事業をする場合、まずは何をやろうかというアイデアを考える必要があります。思いついたことを軽く検証して、ほんとうにニーズがあるのか、事業アイデアとしてスジがいいのか確認してみる段階です。

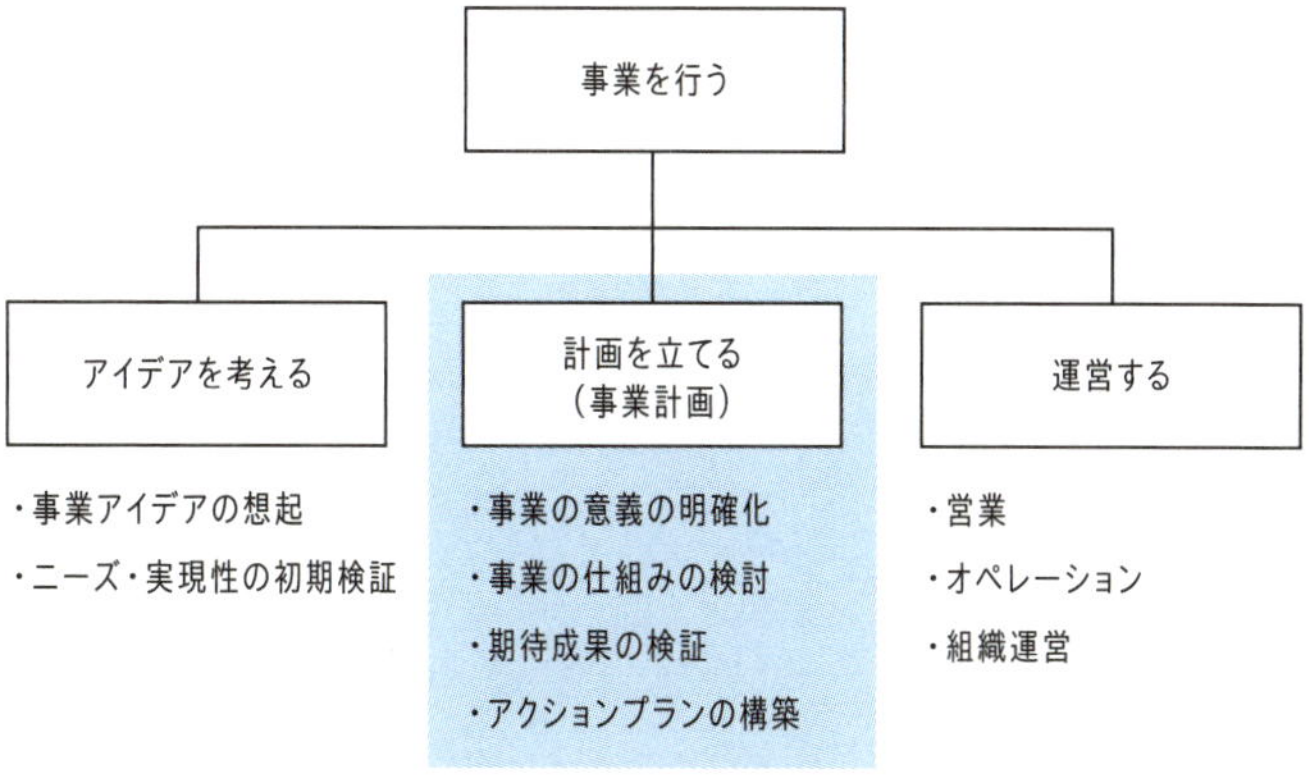

事業を行うために必要なこと

・運営する

運営は、いざ事業を動かし始めたあとの一連の活動全般です。実際にモノをつくる、サービスを提供する、営業してお客さんを獲得するなどが該当します。人のマネージメントや評価も運営の一部です。

・計画を立てる

アイデアを考えてから事業を運営するまでの間にあるのが、計画を立てるということ。本書のテーマである事業計画です。これをどうつくるのかが、思いつきやアイデアをほんとうにビジネスとして実現させるポイントであり、事業を運営していく中でうまく軌道修正するためのポイントです。

この事業計画をどうやってつくるかというところは、インターネットで検索してもあまりぴったりしたものが出てきません。まとめてきっちり説明した本も読んだことがありません。ですから今回、本書でうまくまとまった形で提示したいと思います。

「事業のアイデアを考える」と「事業を運営する」については、それらを扱ったビジネス書がたくさん出ていますので、今回は割愛します。

余談ですが、事業計画をつくるには、コンサルタントのような論理的に考えるスキルと、事業の現場のリアリティを分かっていることの両方が必要です。世の中にコンサル本がたくさん出ている中、これまで事業計画についてまとまった本がなかったのは、こういう理由なのかなと思います。

私たちフィールドマネージメントは、コンサルティングだけでなく実際の経営の経験があるメンバーを中心として活動しているのですが、この本ではその両方の経験を踏まえ、実践的な手法をご紹介できればと思っています。

事業計画の例

事業計画って具体的に言うと何でしょう？　３つ例を挙げてみます。

・部署の予算・年度計画

ひとつは、部署の予算や年度計画などです。たとえば、「A地域の来年の予算を考える」や、「昨年新製品を発売した部門Bの今年の成長プランを考える」などです。

・新規事業の立ち上げ計画

新規事業を立ち上げる計画も事業計画です。たとえば、社長から「1億円の売上が立つアイデアを考えてこい」って言われたら、アイデアを考えるだけではダメで、そのアイデアをどう実現するのか、計画を立てて社長にプレゼンしないといけません。

また、ベンチャー企業を立ち上げるときは、必要な資金を投資してもらうために、投資家に自分の考えた事業の素晴らしさを説明して、お金を取ってこなくちゃいけない。そういうときも計画を立てて、こういう理由でこの事業が魅力的で、こういうふうに立ち上げていくのでお金を投資してくださいというプレゼンをすることになります。

・中長期経営計画

企業単位での中期経営計画も事業計画の一種です。今後、3年、5年後を見据え、企業全体として、どういう戦略で、どのような事業をどうやって伸ばしていこうかを考えます。

ほかにも、もっと軽いものだと社内プロジェクトなどで、たとえば夏休みの社員参加企画を何か考えろ、みたいなものも、概念としては事業計画の一種と言えなくもないです。

でも、今回は何かしら経済的な活動が入ってくるもの、売上が立って利益になっていくものを対象にしますので、事例としては先ほど挙げた3つくらいをイメージしてください。

本書はこれらの事業計画をつくるために必要な要素や、つくるコツを網羅していますので、この1冊さえ読めば誰でも事業計画が（年度計画も、新規事業の立ち上げ計画も、中長期計画も）つくれるようになることを目指しています。

事業計画は何のためにつくるのか？　3つの目的

ところで、事業計画をつくる目的って何でしょう？

先ほどの「事業を行うために必要なこと」では、「アイデアを考える↓計画を立てる↓運営する」というステップがありました。この真ん中にある「計画を立てる」をどうしてやらなきゃいけないのか。計画なんか立てないで、アイデアをとにかくトライ&エラーで実行してみればいいじゃないかという意見もあるかもしれない。それでうまくいけばよいのですが、事業計画をつくるにはそれなりの理由があります。その3つの理由を見ていきましょう。

1　事業を運営するために必要なアクションを明確にする

新しい事業のアイデアを考えて、社内で企画が通った。とはいえ、明日から何をやればいいのでしょう？　いきなり営業すればいいのか？　商品開発から始めればいいのか？

事業にはやることがほんとうにたくさんあるので、それらを、どの順番で、どういうふうにやっていけばいいのかという、アクションを明確にするのが、ひとつめの目的。事業計画をつくると、いつ何をやればいいのかが明確になってきます。

2　関係者に計画を伝え、納得してもらい、必要なサポートを得る

事業をやろうと思うと、ひとりでできることは少なくて、多くの人のサポートが必要です。上司かもしれませんし、チームメンバーかもしれませんし、社外の人かもしれません。投資してもらう銀行とか投資家かもしれません。取引先、納入先、発注先かもしれません。とにかくいろいろな関係者のサポートが必要になってきます。

その人たちに、「今度こういう事業をやろうと思ってるんです」「今後3年間、こういうふうに成長させようと思ってるんです」と説明して、「たしかにそれは魅力的だからサポートしよう」と思ってもらわなければなりません。まわりの共感とサポートを得るために事業計画が必

要になってくるというのが、ふたつめの目的ですね。

3　事業運営開始後に、軌道修正する

ところが、どんなに緻密な計画を立てても、実際に運営を開始してみるとそんなにうまくいきません。うまくいかなかったときに、どこが悪かったのかを見直して、修正するプロセスが絶対に必要になってくる。でも、それも最初の計画がないと、何が悪かったのかわからない、何がうまくいっているのかわからない、ということに陥ってしまいます。

最初に計画をしっかり立てていると、ここが悪かったからここを直せばいいね、ここがよかったから、これは予想通りだね、などの修正のポイントがわかりやすくなります。そのためにも、計画を最初に立てておきましょうというのが、3つめの目的です。

実際に自分が新規事業を立ち上げるときのことを考えると想像できますよね。

「その事業、明日からやって」って言われたら、何から始めればいいのか明らかになっていますか？　それを社長に説明して、ちゃんとサポートが得られる、納得させられるようなものになっていますか？　運営を開始したあとに、もし、うまくいかないとしたら、どうなっているんだろうとか、修正のポイントがわかるようになっていますか？

事業計画をつくる4つのステップ

ではいよいよ本書のテーマである「事業計画のつくり方」を解説していきます。次ページの図、これが事業計画のつくり方を表したフレームワークですので、大事です。覚えておいてください。

事業計画のつくり方は、大きく分けると4つのステップになります。

STEP1　事業の意義を明確にする

そもそもなぜこの事業をやるのかを明確にします。

STEP2　ビジネスモデルを考える

どういう仕組みでその事業をやるのかを考えます。

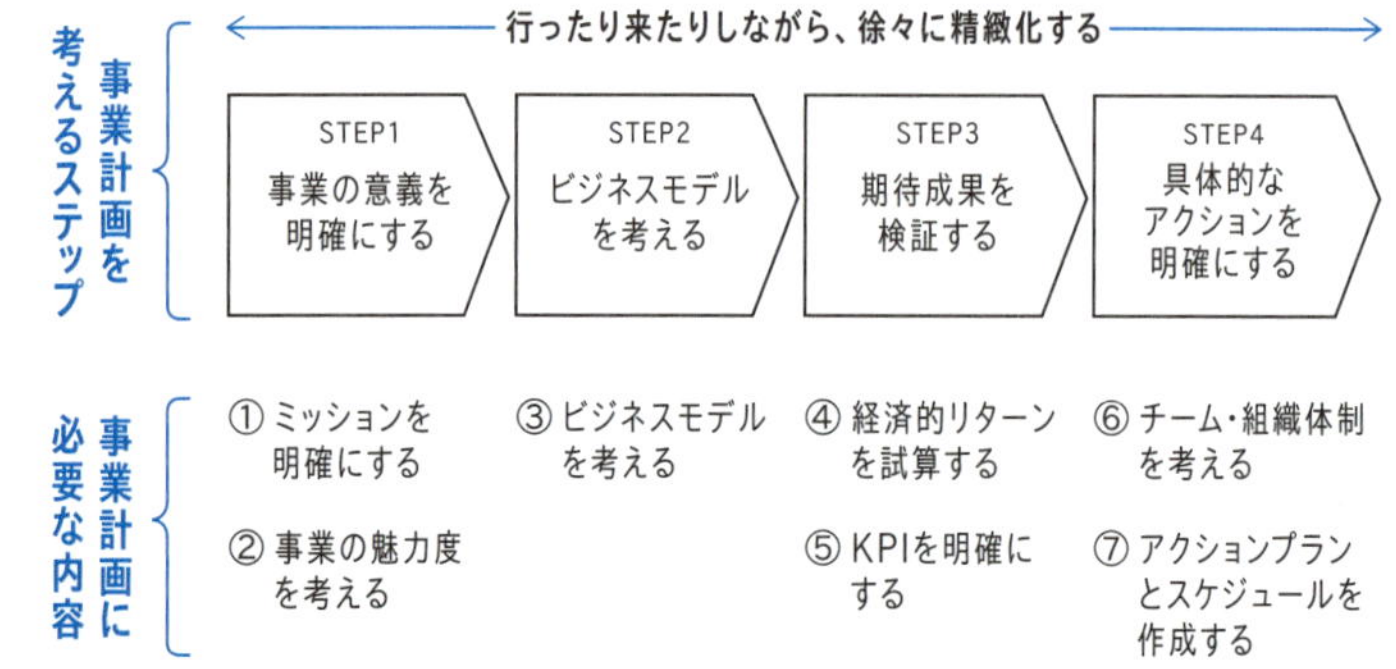
事業計画を考えるステップ
行ったり来たりしながら、徐々に精緻化する
STEP1 事業の意義を明確にする
STEP2 ビジネスモデルを考える
STEP3 期待成果を検証する
STEP4 具体的なアクションを明確にする
事業計画に必要な内容
① ミッションを明確にする
② 事業の魅力度を考える
③ ビジネスモデルを考える
④ 経済的リターンを試算する
⑤ KPIを明確にする
⑥ チーム・組織体制を考える
⑦ アクションプランとスケジュールを作成する

事業計画のつくり方

STEP3 期待成果を検証する

その事業をやったときにどんな期待成果が得られるのかを考えます。つまり、売上はどのくらいか、利益はどのくらい出るのか、などの期待成果を試算し、検証します。

STEP4 具体的なアクションを明確にする

その事業を実現するために、具体的なアクションとして何をすればいいのかを考えます。

4つのステップを行ったり来たりしながら徐々につくっていく

ところが実際にやってみると、この通りSTEP1、2、3、4と順番に考えて、きれいにできるものじゃないんですね。理論通りにはいかない。

実際は、事業の意義を考えたあとにビジネスモデルを考えてみたらなんかちょっとイマイチだから、もう1回意義を考えてみようというやり直しがあったり、売上検証してみたら思ったよりも規模が小さかったからビジネスモデルの考え直しが必要だったり……。行ったり来たりのステップは必要です。STEP1〜4を行き来しながら、だんだん精緻化をしていきましょう。

4つのステップで考える内容

では次に、この4つのステップの内容をもう少し細かく分解していきます。それぞれのステップで具体的にどういうことをすればよいか、ということです。

STEP1　事業の意義を明確にする

①ミッションを明確にする

ミッションは、「使命」「理念」などと訳されますが、ここでは、「その事業ってほんとうに私がやりたいことなのか？」「この会社でやるべきことなのか？」という「思い」を指します。事業として売上見込みは大きいかとか、採算がとれるかとかも大事ですが、この「思い」がどれくらい強いのか、チームメンバーとどのくらい共有できているのか、ということはやっぱり大事になってきます。それを考えることが、ミッションを明確にするということですね。

②事業の魅力度を考える

そもそも市場規模がどのくらい大きいのか、ニーズはあるのかなどを検証します。お金を儲けるビジネスとして魅力的なのかどうか？　を考えるということです。

STEP1は、このふたつを両立させることが大事です。つまり、儲かるからという理由だけで、たとえば出版社がバイオベンチャーをやることは、おそらくないと思うんですよね。どんなに確実に儲かる事業だとしても、会社のミッションとあまりにかけ離れていたらダメです。会社のミッションは何か、自分のミッションは何か、いうところと、儲かるかどうか、これを併せて考えましょう。

STEP2　ビジネスモデルを考える

③ビジネスモデルを考える

ここはそのままですね。ビジネスモデルという言葉もあいまいですが、要は「儲けの仕組み」を考えるということです。これは、のちほど説明します。

STEP3　期待成果を検証する

④経済的リターンを試算する

期待成果を検証するということは、基本的には経済的なリターンを試算しましょうということです。事業なので、最終的にはお金がいくら入ってきて、どのくらい儲かるのかの検証が不可欠。その儲けがどれくらいになるのかを試算するのがこの項目です。

⑤KPIを明確にする

KPIは、(Key Performance Indicator)の略です。日本語では、「重要業績評価指標」と言いますが、「目標の達成具合を評価するために、特に重要な補助指標」と定義されています。たとえば売上を上げるための要素を分解して、その中から特に重要な要素を選定するということです。

STEP4　具体的なアクションを明確にする

⑥チーム・組織体制を考える

その事業をやるために、どんな人が何人くらい必要で、どういう体制でやるのがいいなど、チーム体制を考えることです。

⑦アクションプランとスケジュールを作成する

具体的にやることを考える際に、いちばん重要なのが、アクションプランとスケジュール。いつ、だれが、何をやるのかというスケジュールを考えます。

以上が、事業計画全体に盛り込むべき要素で、行ったり来たりはありますが、考える順番はだいたいこういう順番になります。

まずは、ざっくりと最後までつくってみることが大事

ここまでで何か質問ありますか？

――STEP1からSTEP4まで、どのくらいの時間をかけてつくればいいんでしょうか？

うーん、人と目的によって違いますね。

たとえば、われわれは慣れているのでDay1（プロジェクトの初日）で一通りこれらを全部議論することもあります。でも、初めてやる人はけっこう時間がかかります。

さらに、何を目的にどのくらいのレベルで事業計画をつくるのかによっても違います。たとえば、市場の魅力度を精緻に調べれば、それだけでひとつのプロジェクトになるので、3か月丸々かかるということもあります。逆に同じ市場規模の試算でも、簡単にやろうと思えば、その場で1分くらいでできちゃうこともある。どれくらい深くやるかによって、かかる時間は大きく違います。

ですからどのくらいかかるというよりは、決められた範囲の時間でつくるという感じです。たとえば2週間でやりましょうだったら、2週間なりのレベルでやっていく。1か月でやりましょうだったら、1か月なりのレベルでやっていくという考えのほうが合っているかなと思い

ます。

――一般的につまずきやすいステップはどれですか？

この中のどれかのステップや要素が抜けちゃうっていうケースがよくあると思います。事業の魅力度があまり見えてこないとか、経済的リターンの試算がないとか、ビジネスモデルが不明瞭とか……。そうすると、ツッコミどころが多かったりするんですね。

個別の要素で言うと、「ビジネスモデルを考える」というところがやっぱりいちばん難しいんじゃないかと思います。ビジネスモデルを考えるって、簡単に言うとお金儲けの仕組みを考えることなので、みんながいちばん知恵を絞って考えていることですから、いちばんのキモですし、いちばん難しいところですよ。時間もいちばんかかります。

どのくらい時間をかけるのか、というところに関連して、コツがあるとすると、ひとつひとつの要素を時間をかけてカチカチ詰めていくよりも、1日で全部のステップをざっくりとやってしまうことです。一度全体をざっくりつくったうえで、何度かそのサイクルを回して精緻化していくというステップのほうが、うまくいくケースが多いと思いますね。

あくまでも「計画」なので、将来のことなので、わからないものはわからない。ひとつひとつ完璧にやろうと思っても、無理なものは無理なんですよね。一回ざっくりとやってみると、なんとなくこのビジネス、スジがよさそうだなとか、ちょっと無理そうだなというのがだいたいわかってくる。軽く最初から最後までやってみて、行ったり来たりしながらつくっていきましょうっていうのが、コツのひとつです。

まとめ
1
SUMMARY

事業計画とは

事業のアイデアを実現させるための計画

事業計画をつくる目的

1 事業を運営するために必要なアクションを明確にする

2 関係者に計画を伝え、納得してもらい、
必要なサポートを得る

3 事業運営開始後に、軌道修正する

事業計画をつくる4つのステップ

STEP1 事業の意義を明確にする

STEP2 ビジネスモデルを考える

STEP3 期待成果を検証する

STEP4 具体的なアクションを明確にする

2 時間目

STEP①
事業の意義を明確にする

①ミッションを明確にする

まず、あなた、もしくはあなたの会社がその事業をやる意義を明確にします。

「ミッション」とは、端的に言うと「目指す姿や提供する価値を定義したもの」です。どんなことを目指して、どんな価値を提供するのかを明確にすることだと思ってください。日本語に訳すと「理念」とか「使命」とか、いろいろありますが、その違いを議論しても進まないので、ここではミッションをこう定義しておきます。

ミッションが重要な2つの理由

ミッションが重要な理由は2つあります。

ひとつは、事業として売上・利益を得ることを目指すのは当然ですが、目指すべき姿がないと、事業を遂行する上での判断軸が定まらず、迷走してしまう可能性が高いということ。

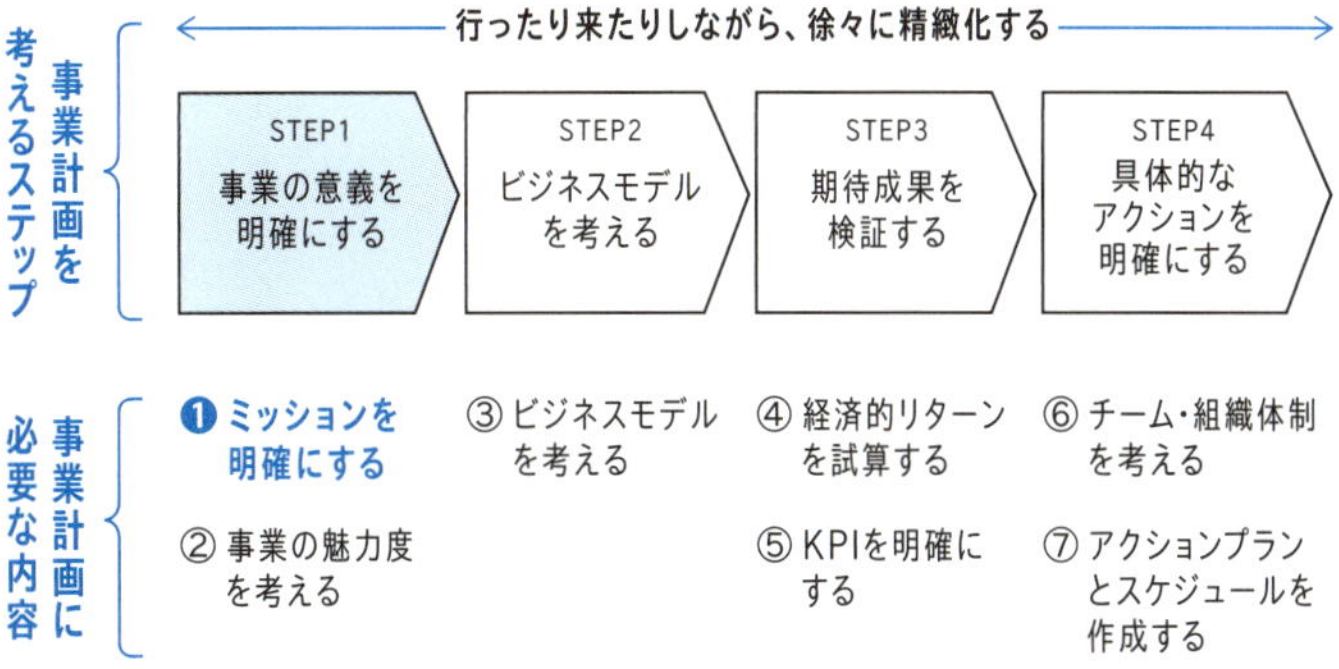
行ったり来たりしながら、徐々に精緻化する
事業計画を考えるステップ
STEP1
事業の意義を明確にする
STEP2
ビジネスモデルを考える
STEP3
期待成果を検証する
STEP4
具体的なアクションを明確にする
事業計画に必要な内容
❶ ミッションを明確にする
② 事業の魅力度を考える
③ ビジネスモデルを考える
④ 経済的リターンを試算する
⑤ KPIを明確にする
⑥ チーム・組織体制を考える
⑦ アクションプランとスケジュールを作成する

事業計画のつくり方

たとえば、これはとても儲かる事業だけど、自分たちの目指すものとなんとなく違うような気がする。どうしようか？　という感じになっちゃうんですね。決まったゴールやミッションがあれば、それに基づいて、これはやろう、これはやらないでおこうという判断ができます。だから、いちばん最初に決めるのがミッションなんです。

もうひとつは、目指すべき姿が明確になっていると、チームのメンバーが同じ志向性を持って活動できるため、効果的・効率的な進め方ができるということ。

事業って、ひとりでやることはほとんどありませんよね。チームや部署、さらにはそれを超えたいろいろな人たちと協力しながらやっていくのが一般的です。そのときに、やっぱり同じ志を持っているということはとても重要なので、それを共有するということです。

それができていると、勝手にバラバラに動いたとしても、そんなにブレないものです。

ミッションの策定方法

では、ミッションの策定の仕方を説明します。

いろいろな決め方がありますが、ここではミッションコーン[1]というフレームワークを使ってつくってみます。左ページの図をご覧ください。


三角形のいちばん上が、「ミッション」。目指す姿や提供する価値を定義したものです。それを支えるのが、その下の「ベネフィット」と「エビデンス」。

真ん中の段のベネフィットは「機能的ベネフィット（実利的で直接的に得られる価値）」と「感情的ベネフィット（目に見えず心理的に得られる価値）」に分かれています。ミッションを達成するために、目に見える形で「どんな価値を提供するか」「どんな感情的価値を提供するか」をここに書きます。

1 ミッションコーン：自社や部署、プロジェクトのミッションを設定するためのフレームワーク。自分のキャリアや人生についてのミッションも同じように設定することができます。詳しくは『ミッションからはじめよう！』（並木裕太著）をご覧ください。

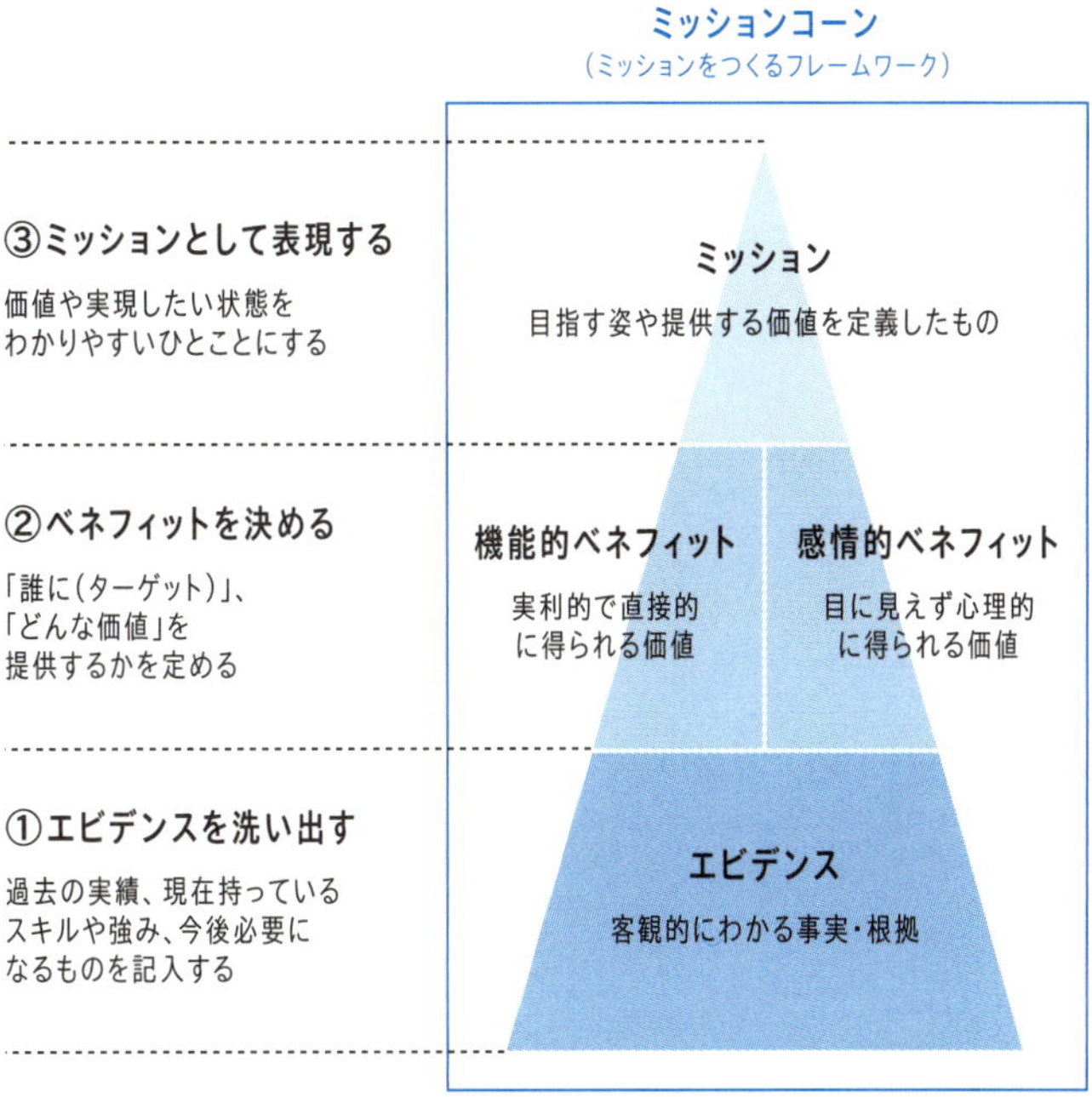
ミッションコーン
（ミッションをつくるフレームワーク）
③ミッションとして表現する
価値や実現したい状態を
わかりやすいひとことにする
ミッション
目指す姿や提供する価値を定義したもの
②ベネフィットを決める
「誰に（ターゲット）」、
「どんな価値」を
提供するかを定める
機能的ベネフィット
実利的で直接的
に得られる価値
感情的ベネフィット
目に見えず心理的
に得られる価値
①エビデンスを洗い出す
過去の実績、現在持っている
スキルや強み、今後必要に
なるものを記入する
エビデンス
客観的にわかる事実・根拠

ミッションをつくる

そして、「ベネフィット」を生み出す根拠になるものが、いちばん下の「エビデンス」です。ベネフィットが生み出される客観的な事実・根拠を書きます。

ミッションをつくるときは、2通りの手順があります。

ひとつは下から上に、エビデンス、ベネフィット、ミッションの手順でつくっていく方法。これは、いま自分が持っているスキルや資産などのエビデンスから、ミッションを考えます。

もうひとつは上から下に、つくっていく方法。これは、ミッションを明確にして、そのミッションの達成に必要なエビデンスを考えていきます。

事例
1
EXAMPLE

スターバックスのミッションコーン

ミッションコーンの説明をしましたが、ちょっと概念的で難しいので、事例をご紹介します。

ひとつめは、スターバックス。ミッションは、「都会的なトレンドに敏感なお客様に、自宅でも職場でもない、第3の場所を提供する」。

それを実現するための「機能的ベネフィット」が、「家庭でも職場でも学校でもない場所で

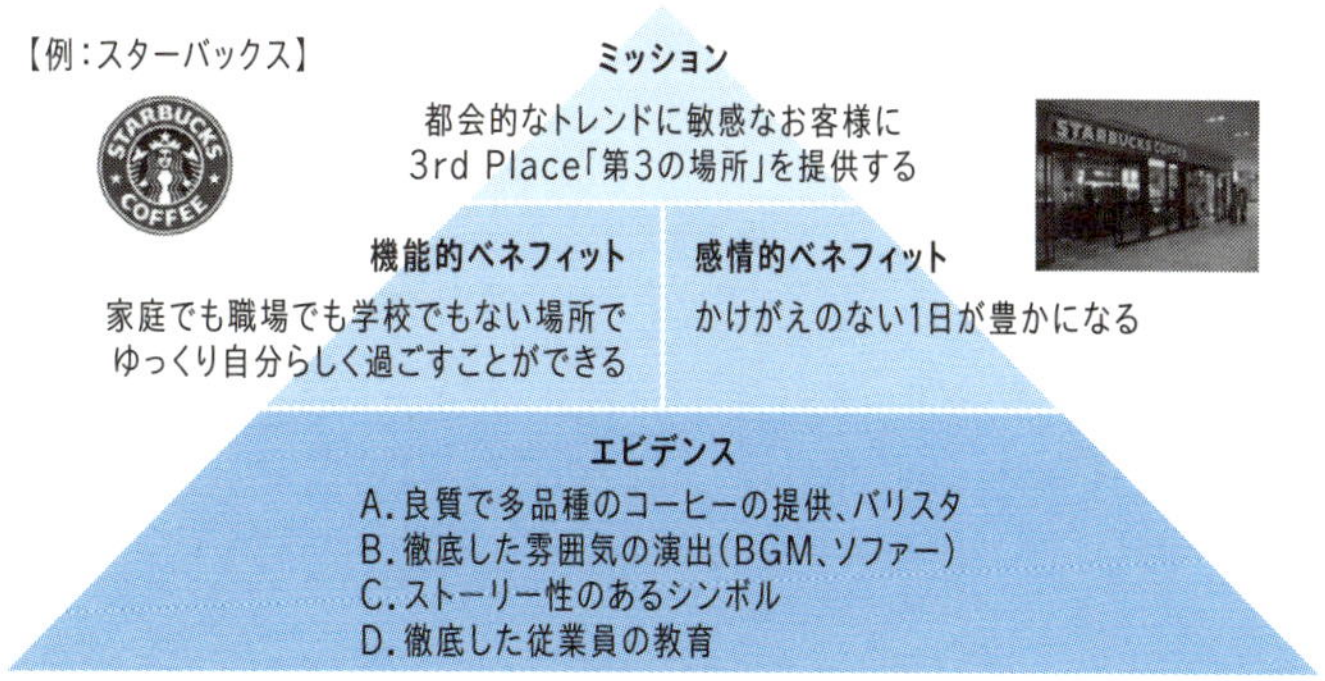
【例：スターバックス】
ミッション
都会的なトレンドに敏感なお客様に
3rd Place「第3の場所」を提供する
機能的ベネフィット
家庭でも職場でも学校でもない場所で
ゆっくり自分らしく過ごすことができる
感情的ベネフィット
かけがえのない1日が豊かになる
エビデンス
A. 良質で多品種のコーヒーの提供、バリスタ
B. 徹底した雰囲気の演出（BGM、ソファー）
C. ストーリー性のあるシンボル
D. 徹底した従業員の教育

ミッションの事例1

ゆっくり自分らしく過ごすことができる」場所を提供するということ。

一方、感情的なベネフィットは、「かけがえのない1日が豊かになる」。スターバックスで過ごすと、それが手に入るということですね。

いきなりミッションの「第3の場所を提供する」と言われても、具体的にイメージできないので、それをベネフィットでちゃんとブレイクダウンしているんですね。

これらのベネフィットを支えているのが、この下のエビデンスです。たとえば、豊かな1日を提供するために良質で多品種のコーヒーの提供をしたり、BGMやソファーでくつろげる雰囲気を演出したり、バリスタをお店に置いて質の高いサービスを提供したり、ということですね。

事例
2
EXAMPLE

BMWのミッションコーン

次の事例はBMWです。ミッションは、「人生を走る人、3%のプレミアムな人に駆けぬける歓びを提供する」。

機能的ベネフィットは、「本物の走り」。駆けぬける歓びを味わえるような走りが実現できる機能・性能になっていますよ、ということです。

感情的ベネフィットは、「ブランド哲学への共感による歓び」。これは、このターゲットである3%の人たちが共感できるような哲学を持っていますよ、ということを言っています。

エビデンスには、そのベネフィットを提供できるだけの研究開発とかデザイン、サービスのことが挙げられています。

ターゲットを明確にする

2つの事例を見てもらうとわかるように、ミッションには、自分たちの付加価値を誰に提供するのかというターゲットが明確に表現されています。スターバックスは、「都会的なトレン

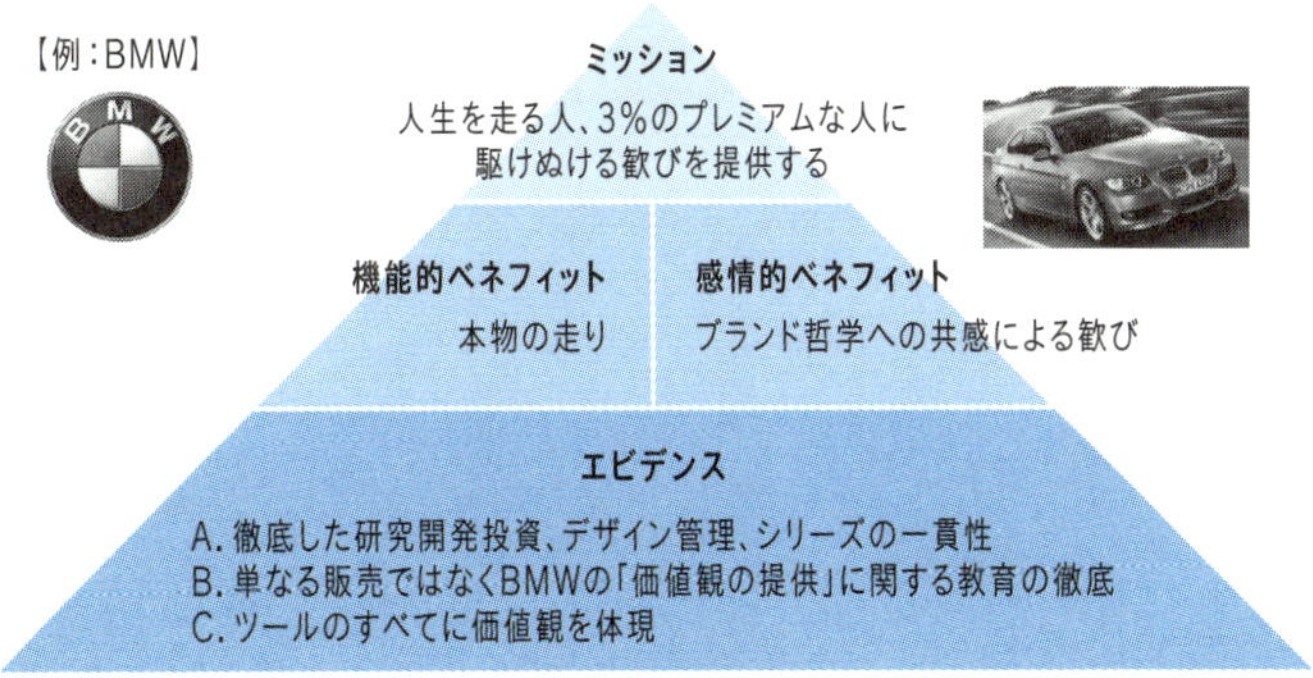
【例：BMW】
ミッション
人生を走る人、3%のプレミアムな人に
駆けぬける歓びを提供する
機能的ベネフィット
本物の走り
感情的ベネフィット
ブランド哲学への共感による歓び
エビデンス
A. 徹底した研究開発投資、デザイン管理、シリーズの一貫性
B. 単なる販売ではなくBMWの「価値観の提供」に関する教育の徹底
C. ツールのすべてに価値観を体現

ミッションの事例2

ドに敏感なお客様に」、BMWは「3%のプレミアムな人に」です。

BMWは特に、とても限定されたターゲットを設定しています。実際BMWを買っている人は「3%のプレミアムな人」だけじゃない。それ以外の人もいっぱい買っています。でも、あえてターゲットを「買ってほしい人」に絞ることによって、ブランドのイメージをつくり上げているわけですね。これも、ターゲットを設定する方法のひとつです。

この事業を通じて、誰のどんな課題を解決したいのか、誰の生活をどのように変えたいのか、具体的なターゲットの姿を意識しながら事業のミッションを考えると、具体的でイメージのわきやすいものができてくると思います。

②事業の魅力度を考える

ミッションが決まったら、事業の魅力を考えます。つまり、事業を始めるにあたって、「その事業がどのくらいのポテンシャルを持っているのか」が大事ということですが、当然ですよね。どんなに素晴らしい意義のあるミッションができても、事業をやっていくうちに、「もしかして、この市場、思ったより小さい?」ってなると困ります。先ほども言いましたが、意義のあるミッションと儲かるかどうかの経済性の両立が大事です。

ここでは、その事業にどれくらいのポテンシャルがあるのか、つまりどれくらいの市場規模があって、自社が勝てる可能性はどのくらいあって……という見方を解説していきます。

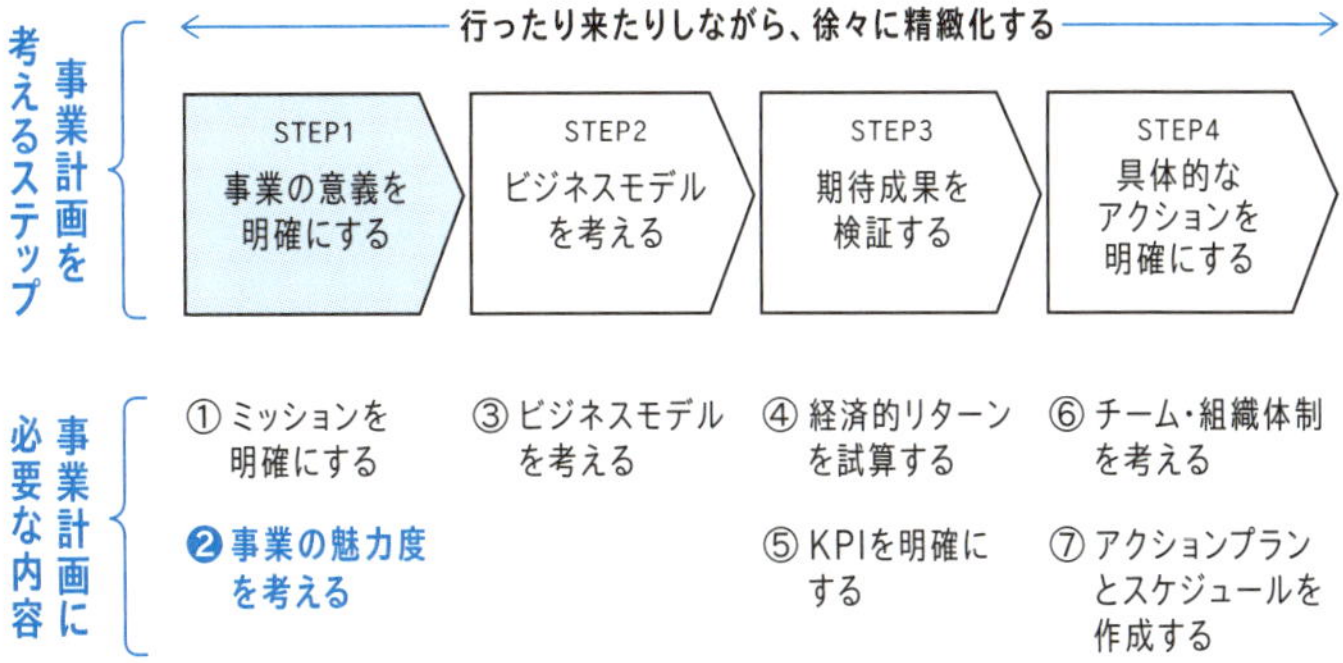
事業計画を考えるステップ
行ったり来たりしながら、徐々に精緻化する
STEP1
事業の意義を明確にする
STEP2
ビジネスモデルを考える
STEP3
期待成果を検証する
STEP4
具体的なアクションを明確にする
事業計画に必要な内容
① ミッションを明確にする
❷ 事業の魅力度を考える
③ ビジネスモデルを考える
④ 経済的リターンを試算する
⑤ KPIを明確にする
⑥ チーム・組織体制を考える
⑦ アクションプランとスケジュールを作成する

事業計画のつくり方

3Cを使って市場を分析する

事業の魅力度を考えるフレームワークとしていちばん適しているのが、「3C」です。すごくメジャーなフレームワークなのでご存知の方も多いと思いますが、私たちコンサルタントもこれをほんとうによく使っています。事業環境などを見るときは、必ず3Cを使いますね。ほかの複雑なフレームワークもありますが、3Cで十分事足ります。

簡単に説明しておくと、Customer（顧客）とCompetitor（競合）とCompany（自社）の頭文字をとって3Cですね。ここにChannel（チャネル）を加えて4Cとすることもありますが、今回は3Cしか使いません。

②事業の魅力度を考える

市場を見る

いちばん初めに見るべきところは、市場です。市場、つまりニーズがなかったら、自社が何をどうがんばってもどうしようもないですから。ですから、市場から見てみましょうというのが、常套手段です。そして市場の見方は2種類あります。

・定性的に見る↓消費者の声

これは、消費者に提供しようとしている商品やサービスに対してのニーズがあるかどうかを把握すること。つまり、「消費者の声」で市場を見るということです。こんなことしてほしいとか、こんなことあったらいいのになと思っている消費者の声を聞いてみること。

・定量的に見る↓消費者の声の大きさ

もうひとつは、そのニーズがどの程度の規模（市場規模、自社の売上見込み）があるのかを想定することです。つまり、「消費者の声の大きさ」で市場を見るということです。それによって事業規模自体が決まってきます。

定性的に見る① 「思いつきレベル」から「課題レベル」へ

定性的に消費者のニーズを見る場合、まずはちょっとした自分の経験や気づきから感覚的に「これってニーズがあるんじゃないか」と思い始めることが多いと思います。自分が困っていることがあって、きっとみんなも困っているはず、じゃあこんな商品つくったら売れそうだな、というような発想です。これは、しっかりした根拠のない「思いつきレベル」です。けっこう身に覚えがありませんか？

ここで大事なのは、この「思いつきレベル」を「課題レベル」にまで高めることです。誰のどのような問題をどうやって解決するかということが明確になっているのが、「課題レベル」です。事業として成立するレベルまで、思いつきのアイデアを一般化していかないといけない。

たとえば、友人の独身女性が「すてきな男性との出会いがない」と嘆いているのを聞いて、「同じように思っている人はたくさんいるはず」と思い始めます。

思いつき

「きっと、いい男の人に
出会いたいなーと思っている
女性はいるはず」

・日常の中で、これってもしかしてみんな困っているかも？
・こんなものをつくれば、もしかしたら売れるかも？　といった、**あまり根拠がないが感覚的に発想したレベル**

世の中の課題

・30代を中心とした女性には、
・日常の生活の中では、職場くらいしか男の人に出会う機会がなく、
・現状、手軽に男の人と会う機会を与えてくれる方法がない

・**誰のどのような問題をどうやって解決するかということが明確になっているレベル**
・ただし、「どうやって」の部分はビジネスモデルを検討する中で精緻化される

「思いつきレベル」から「課題レベル」へ

でも、これじゃなんとなく思っているだけなんですね。このレベルだと、この先何をやったらいいのかという発想がわきにくい。「あぁ、そうかもね」となるだけで、議論が進まない。完全に自分の感覚でパッと思いついたというレベルが、「思いつき」です。

それを「世の中の課題」ととらえると、「30代を中心とした女性は、日常生活だと職場くらいしか男性に会う機会がないから、簡単に男性に会う方法を求めているはずだ」「そういう方法が必要なはずだ」というところまで一般化・具体化できる。そうすると、このニーズがあるかないかを調べる方法はなんとなくイメージがわきますよね。

「誰の＝30代女性の」「どんな問題を＝男性と出会う時間がないという問題を」解決する、

というレベルになっていると、課題をどうやって解いたらいいかという議論ができます。たとえば、アフターファイブに婚活パーティをやればいいとか、会員制のマッチングサイトを立ち上げようとか思いつきますよね。

「思いつきレベル」から一歩深く考える。この一歩がすごく大事です。「誰のどんな問題を解決するのか」まで掘り下げるようにしてください。

定性的に見る②　ほんとうにニーズがあるのか検証する

次は、その課題やニーズがほんとうにあるかどうかを検証しましょう。すごく簡単な方法から難しいものまで、いろいろな手法があります。ハードルの低い方法から順にご紹介しましょう。

・グーグルなどの検索サイトで調べてみる

いちばん簡単ですね。グーグルなどでちょっと検索すれば、検索ワードに関連した情報はX個と出てくる。検索結果をいくつか見てみれば、その課題についてどんなふうにみんなが思っているのかという感覚が、だいたいなんとなくわかります。

・身近な人に聞いてみる（2〜3人）

検索と同じくらい簡単なのは、近くの人に聞いてみること。今日のランチに行ったときに、まわりの人にちょっと聞いてみるようなレベルです。簡単ですね。

・身近な人に聞いてみる（10人くらい）

もうちょっと深くやろうと思うと、ターゲットの人、つまりそのニーズがありそうなもう少し多くの人に聞いてみる。先ほどの例ですと、友人に頼んだりして30代独身女性10人くらいに直接ニーズを聞いてみる。ちょっとハードルが上がりますよね。

・有料の調査情報を購入する

さらにハードルを上げると、有料のレポートや調査情報を購入するという方法があります。たとえば、さっきの男女のマッチングの市場の大きさや、マッチングサイトを使っている女性の数、1日のアクセス総数などの情報を入手することができます。

・市場調査（アンケート）を行う

既存のデータがない場合は、自分で調査を設計して、アンケート項目を一生懸命つくり、それを100人とか200人に配るという方法もあります。あるいはアンケートや市場調査の専

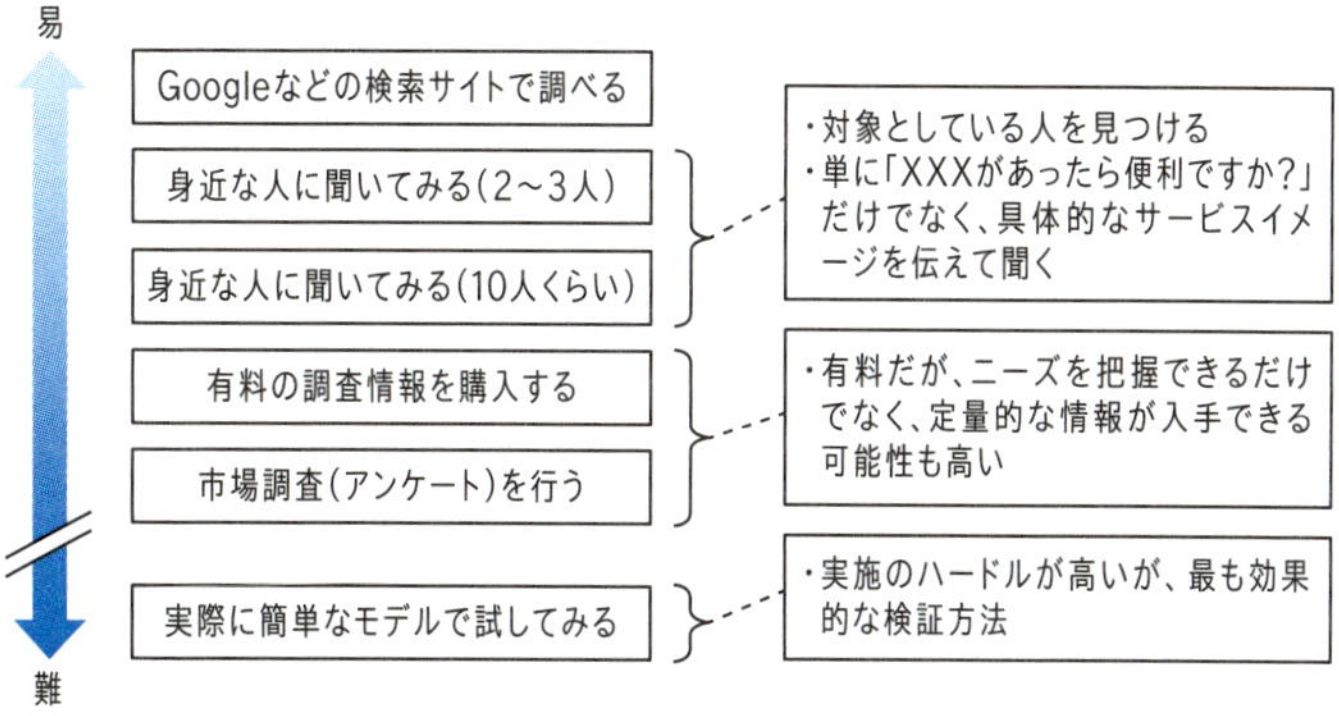
易
難
Googleなどの検索サイトで調べる
身近な人に聞いてみる(2〜3人)
身近な人に聞いてみる(10人くらい)
有料の調査情報を購入する
市場調査(アンケート)を行う
実際に簡単なモデルで試してみる
・対象としている人を見つける
・単に「XXXがあったら便利ですか?」だけでなく、具体的なサービスイメージを伝えて聞く
・有料だが、ニーズを把握できるだけでなく、定量的な情報が入手できる可能性も高い
・実施のハードルが高いが、最も効果的な検証方法

ニーズの検証方法

門業者に依頼することもできます。このへんになると、けっこうな金額と手間がかかってきます。

・実際に簡単なモデルで試してみる

これはいちばんハードルが高いですが、実際に小さいモデルケースやプロトタイプ（試作品）をつくって、試してみる方法。たとえばいまだと、iPhoneのアプリとかって、クラウドソーシングで開発者を募って中国など海外でやってもらうと、数万円でできちゃう。「こんなアプリあったらいいよな」が、数万円くらいでできちゃうなら、お願いしてつくってもらって、それを試してみるというのも、魅力的ですよね。

でも、さすがにこれはけっこう難しいです。

開発者への依頼の仕方とか、要件の定義とか……。ですから、これは自分や自社がスキルや人材を持っていてすぐできるときは有効ですが、まだ計画という段階だと、ここまではなかなかできないです。

調査の難易度と検証の精度は比例します。最初のほうの方法は、調査のハードルは低いですが、その分、精度が悪かったり、ほんとうに知りたいことがわからなかったりします。最後にいけばいくほどハードルは高いですが、知りたいことを精度高く確実に知ることができます。

調査にかけられる時間がどれくらいあるかということも、どのレベルまで調べられるかに関係してきます。たとえば、調査期間が1か月くらいあったら、30代女性30人にアンケートするくらいはできますよね。一方、1日でサクッと調べちゃうなら、検索とまわりの人に聞くくらいのレベルでいいでしょう。ですから、時間と精度と難易度の兼ね合いでどのレベルまで調べるか決めるようにしましょう。

繰り返しになりますが、事業計画の大事な目的のひとつは、関係者を説得することです。「すごい事業を思いつきました。これ、絶対儲かると思うんです！」って言っても、自分ひとりで言っているだけだと、やっぱり説得力がない。身近な人10人に聞いてそのうち8人がいいって言っているんだったら、ちょっといけそうな気もするね、というふうにだんだん説得力が増します。一般の人何百人にアンケートを取って、みんなも欲しいと思っているという結果が出れば、さらに説得力は増します。

市場を見るというと、まず市場の大きさを計算しようと考えがちです。でも、「そこそこニーズありそうだよな」とか、「やっぱりみんな困っていたんだ」というように定性的にニーズをつかむことが、実は先なのです。そして、ある程度、この市場はいけそうとか、この事業はニーズがありそうということを把握することが大事です。

定量的に見る　ニーズを定量化する

定性的にニーズを検証したら、次は定量的に見てみましょう。そもそも市場規模はどれくらいなのか、ということですね。

定性的と同じく、定量的に測る試算にも3段階のレベルがあります。

・ざっくり試算

既存の情報を使って、どれくらいの規模感かを把握するレベルです。いま手元にある情報や頭の中に入っている情報、世の中ですぐ手に入る情報などだけを使って、なんとなく感覚的にこれくらいの規模かなぁっていうのを把握するレベルですね。

このレベルだと、事業計画書に使うにはちょっと厳しい。納得感がないというか、やっつけでつくった感が出てしまいます。このレベルの試算は、あくまでもディスカッションとか、ブレインストーミング（ブレスト）などのときに使いましょう。そういうときはひとつひとつ時間をかけて調べられないので、このざっくり試算が有効です。

・少し精緻に試算

もうひとつ上のレベルにいくなら、もう少し精緻に調べます。ざっくり試算で使った各情報を少し調べて精緻にし、ミーティングなどの場でもある程度使えるレベルにします。

たとえば「日本の人口」といったときに、1億2000万人っていうのはみんな知ってますが、正確な数字じゃない。正確には人口全体で1億2千何万人なのか、また、さすがに顧客にならない幼児・高齢者を除くと、何人なのか？　そういう数字って、政府のサイトを見ればすぐ手に入りますよね。「少し精緻」っていうのはそういうレベルです。

・期待成果の元となる試算

さらにいくと、「期待成果」の元になる試算のレベルというのがあります。「期待成果」は、「STEP3　期待成果を検証する」で詳しく説明しますが、事業がどれくらい儲かりそうか

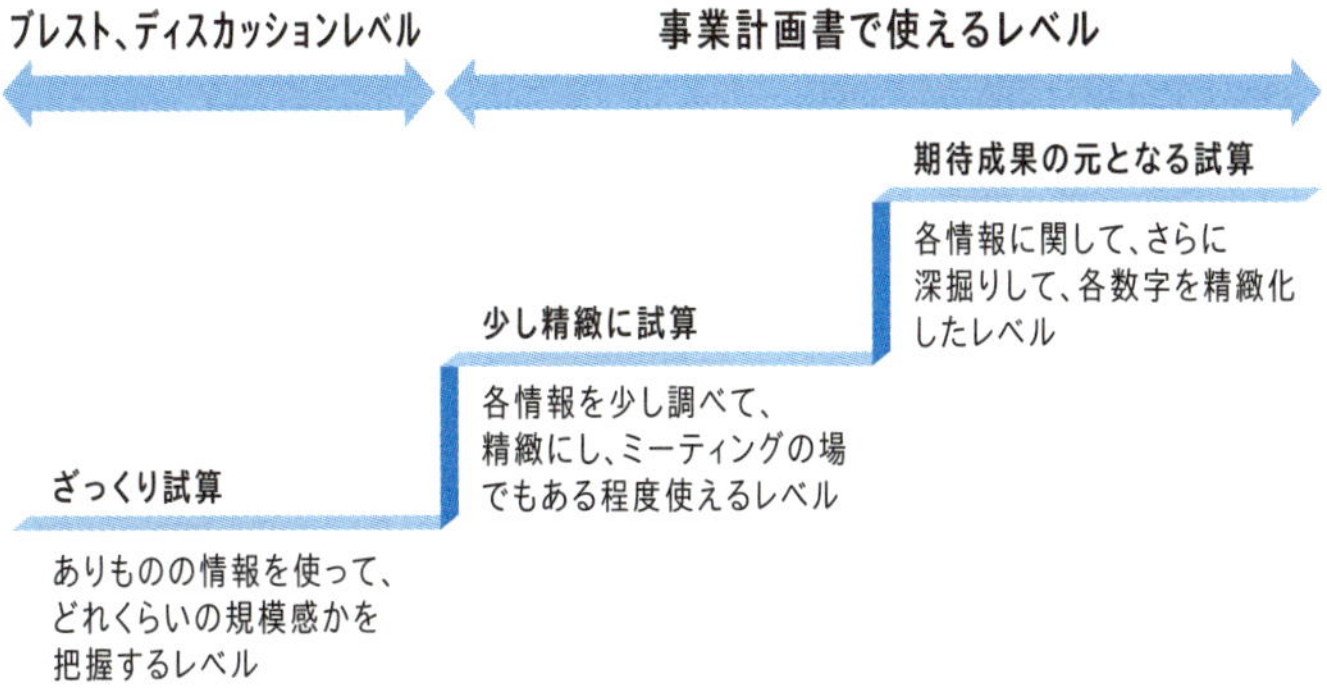
ブレスト、ディスカッションレベル
事業計画書で使えるレベル
期待成果の元となる試算
各情報に関して、さらに深掘りして、各数字を精緻化したレベル
少し精緻に試算
各情報を少し調べて、精緻にし、ミーティングの場でもある程度使えるレベル
ざっくり試算
ありものの情報を使って、どれくらいの規模感かを把握するレベル

ニーズの定量化

計算するということですね。

この数字は、前の段階よりも精緻でないと、計算した期待成果が1億円とか2億円とか、10億円とか20億円とか、大きくズレてしまう。そうするとその事業計画自体の信用性がなくなってしまいます。

市場の試算は事業計画を実際つくるときの元となる数字なので、できれば2段階か3段階めくらいまでは、数字を調べて、根拠づけをすることが必要です。

事例 3 EXAMPLE

高齢者向け宅配弁当の市場を試算する

ではここで、実際どうやって市場規模を試算するか、事例で考えてみましょう。

高齢者向けの宅配のお弁当市場を考えてみます。最近ひとり暮らしの高齢者が増えているので、そういう人たちにお弁当を配達する事業ですね。すでにやっている企業もありますが、これを自分もやってみると想定して、左ページのように市場規模を試算してみました。

これをどのような思考プロセスで考えていったか説明しますので、一緒にやってみましょう。

市場規模の試算――利用者の数

まず、利用者の数を試算してみます。宅配のお弁当をとってくれるターゲットは何人くらいいるだろうと考えます。

何歳くらいの人でしょう？　自分の父親は70歳前ですが、70歳だとまだ必要じゃなさそうだなと思いました。まだ普通に自立して生活しているし……。それよりもっと上かなということで、ざっくり80歳以上としてみました。

高齢者向け宅配弁当の市場はどの程度？

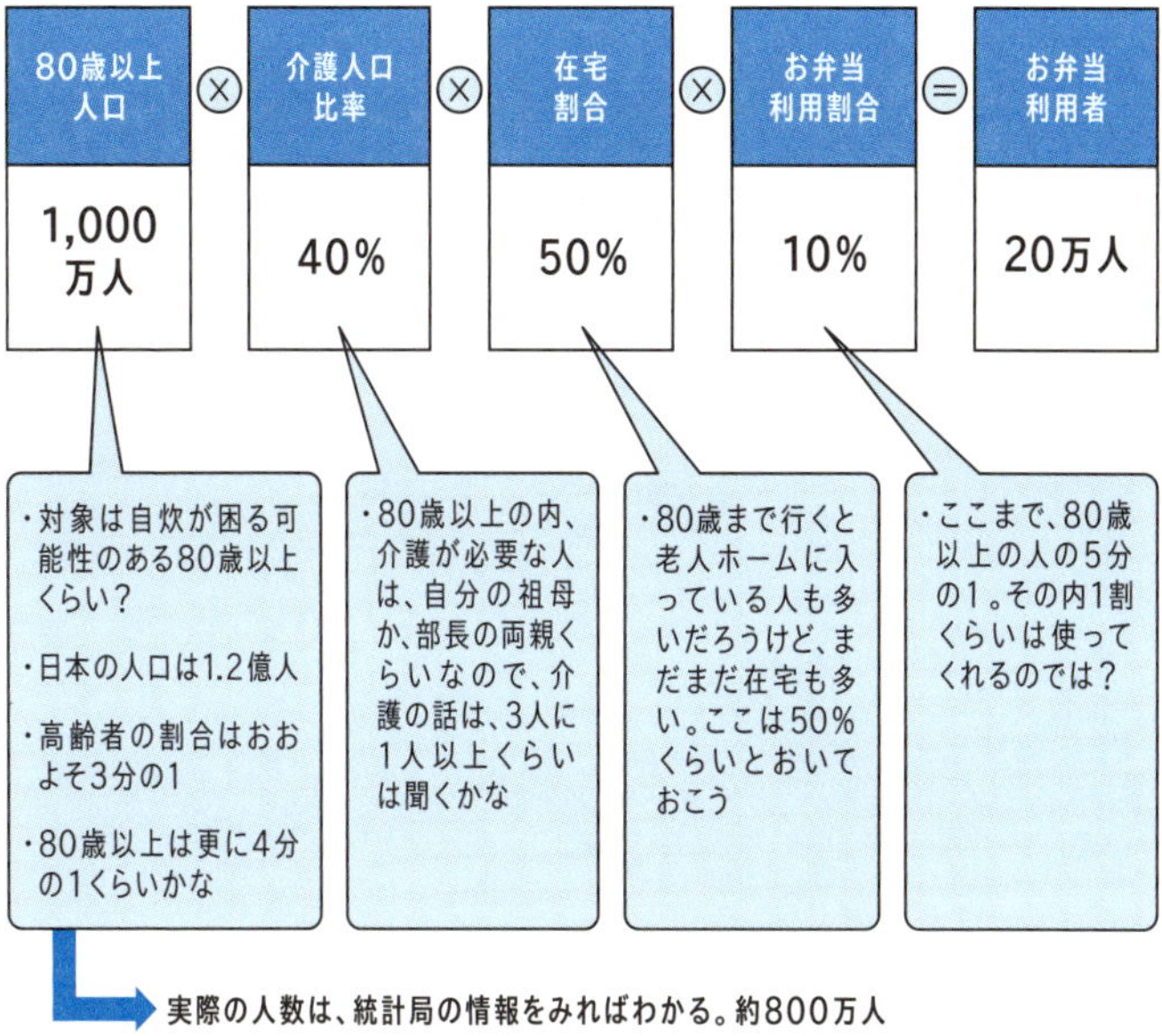
80歳以上人口
1,000万人
×
介護人口比率
40%
×
在宅割合
50%
×
お弁当利用割合
10%
=
お弁当利用者
20万人
・対象は自炊が困る可能性のある80歳以上くらい？
・日本の人口は1.2億人
・高齢者の割合はおおよそ3分の1
・80歳以上は更に4分の1くらいかな
・80歳以上の内、介護が必要な人は、自分の祖母か、部長の両親くらいなので、介護の話は、3人に1人以上くらいは聞くかな
・80歳まで行くと老人ホームに入っている人も多いだろうけど、まだまだ在宅も多い。ここは50%くらいとおいておこう
・ここまで、80歳以上の人の5分の1。その内1割くらいは使ってくれるのでは？
実際の人数は、統計局の情報をみればわかる。約800万人

市場規模の試算——利用者の数

80歳以上の人口って、何人いるんだろうって考えたら、日本の人口は1億2000万人で高齢者（65歳以上）はだいたい3分の1くらいかなと思いました。

ところが、今回は80歳以上ですよね。80歳以上はどれくらいいるか、実は私の中にイメージがなかったんですね。ただ、65歳以上の人で分布を考えていくと、まあ65～69歳、70～74歳、75～79歳、80歳以上と分けてみて、ざっくり4分の1くらいにしてみました。

計算してみましょう。

1億2000万人（日本の人口）×1／3（65歳以上）×1／4（80歳以上）

だいたい1000万人くらいですね。あとで実際に統計局の情報を見てみたら、800万人でした。200万人くらいのズレはあるものの、まあまあ、いちばん最初にやるレベルとしては悪くないと思います。ですから、調べる前の数字でもいいので、こうやって、ざっくりと「こんなもんかなぁ」という数字を書いてみる。これをどんどん続けていく感じですね。

次に、80歳以上の人口の中で、最後の「お弁当利用者」に絞り込むまでに、どう考えたらいいか考えました。まず、80歳以上の中でも、宅配お弁当を利用する人は自分で自炊できない人じゃないかと考えました。だから、いわゆる「介護人口比率」、介護を受けないといけないような人を計算してみます。これも、私の頭の中に数字がなかったので、考えてみました。

80歳以上だと自分の祖父母とか、もしくは、自分の上司の母親くらい……その年齢の人たちの話を聞いてる中で考えると、3人に1人くらいは、母親が老人ホームに入ってるとか、面倒を見ているみたいな話を聞くかなと思いました。ですから、介護人口比率はだいたい3人に1人か、それよりちょっと多いくらいかなという感覚を持ったので、3分の1だと30%なんですけど、ちょっと上積みして40%くらいで仮に置きました。ネットなどで調べればもちろん正確な数字が出てきますが、今回は調べずに、40%っていうふうに置いています。

さらに、80歳以上で介護が必要な人の中には、老人ホームに入っている人がいますよね。その人たちは食事が出るのでお弁当はいらない。ターゲットは家で介護されている人、在宅介護みたいなものかと思ったんですが、この割合については全然イメージがなかったので、とりあえず半分と置きました。ここは、ほんとうに何の根拠もないです。だから3分の1っておいても、3分の2って置いても、何の問題もないです。

次は、じゃあ、家で介護を受ける状態にいる人のうち、お弁当を実際利用する人ってどれくらいいるかなと考えます。ここも、ほとんど勘が働かないので、10%くらいはいるかなぁと思って、10％って置きます。このへんの数字は、事業を進めるなら今後ちゃんと調べていかないといけない数字ですが、初期的にこの市場がありそうかどうかですから、ざっくりでいいです。

この10％も適当です。20％かもしれない、30％かもしれない。でも、50％はないな、というのが感覚値として、たぶんあると思うんですね。なので、それくらいのレベル感でやってるっていうふうに考えてください。

つまり、ここが10％であろうが、20％であろうが、あまり問題ない。でも、50％じゃないよっていうことを、数字として10％だよって言っているだけです。ここは一旦、仮置きで話を進めましょうということです。

で、式にするとこんな感じになりますね。


1000万人（80歳以上の人口）×40％（介護人口比率）×50％（在宅介護割合）×10％（お弁当利用者）

ということで、だいたい20万人くらいは宅配お弁当の利用者として見込めそうだな、という試算になりました。

高齢者向け宅配弁当の市場はどの程度？

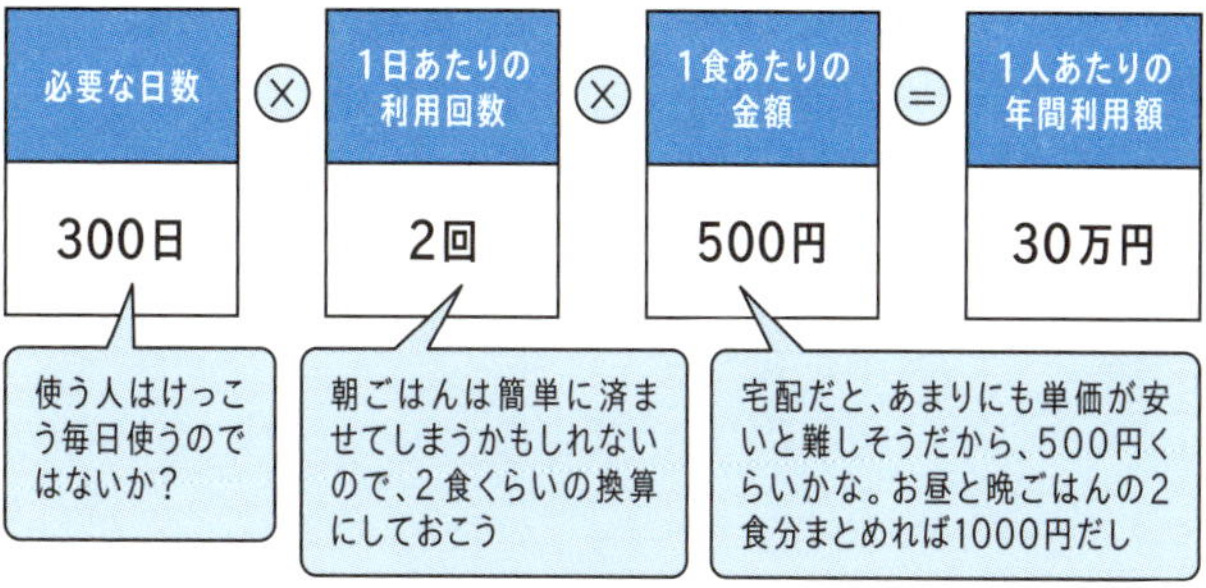
必要な日数
300日
×
1日あたりの利用回数
2回
×
1食あたりの金額
500円
＝
1人あたりの年間利用額
30万円
使う人はけっこう毎日使うのではないか？
朝ごはんは簡単に済ませてしまうかもしれないので、2食くらいの換算にしておこう
宅配だと、あまりにも単価が安いと難しそうだから、500円くらいかな。お昼と晩ごはんの2食分まとめれば1000円だし

市場規模の試算——利用金額

市場規模の試算——利用金額

利用者数が出たら、次はこの人たちがいくら払ってくれるだろう、ということを計算します。市場規模ですから、金額に直さないといけない。

計算式は、まずお弁当が必要な日数。毎日必要でしょうか？ それから、1日あたりの利用回数ですね。1日に何回宅配弁当で食事するでしょうか？ さらに、1回あたりの金額。1食につき、どれくらい払うでしょう？

順番はどれでもいいですが、これらを計算してみましょう。

必要な日数は、どのくらいでしょう？

365日全部っていうのも、ちょっと考えました。でも、家族の人が食事をつくってくれることがあったりして、365日全部じゃないよなと思って、でも、ほとんど毎日として、300日としてみました。

次が1日あたりの食事の回数。一般的には1日3食ですが、朝ごはんは簡単に済ますとか、前の日の残りとかで済ましちゃうこともあるだろうなと思いました。ということで、ざっくり2回にしてみます。お昼ごはんと晩ごはんですね。

次の1食あたりの金額はけっこう難しかったです。おじいちゃんおばあちゃんは、いくら払うでしょう？　という高齢者側の視点と、宅配サービス側として成り立つかどうかという視点、両方考えてみる。すると、あんまり安いと事業として厳しそうだと思いました。たとえば、1食200円とかだと、無理そうですよね。

かと言って1食1000円だと、お年寄りが毎食1000円も払うのは無理そうだなと思いました。ということで、500円くらいなら払えるかなと思って、500円にしてみました。1食500円、1日2食で1000円ですね。これくらいならお年寄りも払っていけるんじゃないかなと思います。

計算すると、こうなります。

300日（利用日数）×2回（1日あたり利用回数）×500円（1食あたり金額）

年間30万円ですね。これくらいなら、ひとり暮らしのお年寄りでも、年金の中から払っていけるんじゃないかなぁと思いました。これが利用金額ですね。

市場規模は、利用者数×利用金額で計算できますから、こんな計算になりますね。

20万人（利用者数）×30万円（利用金額）

これで、宅配弁当の市場規模は、だいたい６００億円くらいって出てきました。

この宅配弁当市場って、実はいまもう市場があります。ですから、この試算をしたあとで、市場規模についてのレポートを確認してみました。すると、５６０億円くらいでした。

そんなに外れてなかったですが、そうは言っても40億円くらい外れている……。でも、市場規模は６００億円くらいありそうと思って事業計画を進めるのと、何もない状態でやるのとでは、かなり違いますよね。

40億円の誤差の理由は、まったくわからなかった介護人口比率とか在宅介護割合かなと思いますが、どうでしょう。実際、その事業計画でやるときには、このへんの数字をちゃんと調べ

高齢者向け宅配弁当の市場はどの程度？

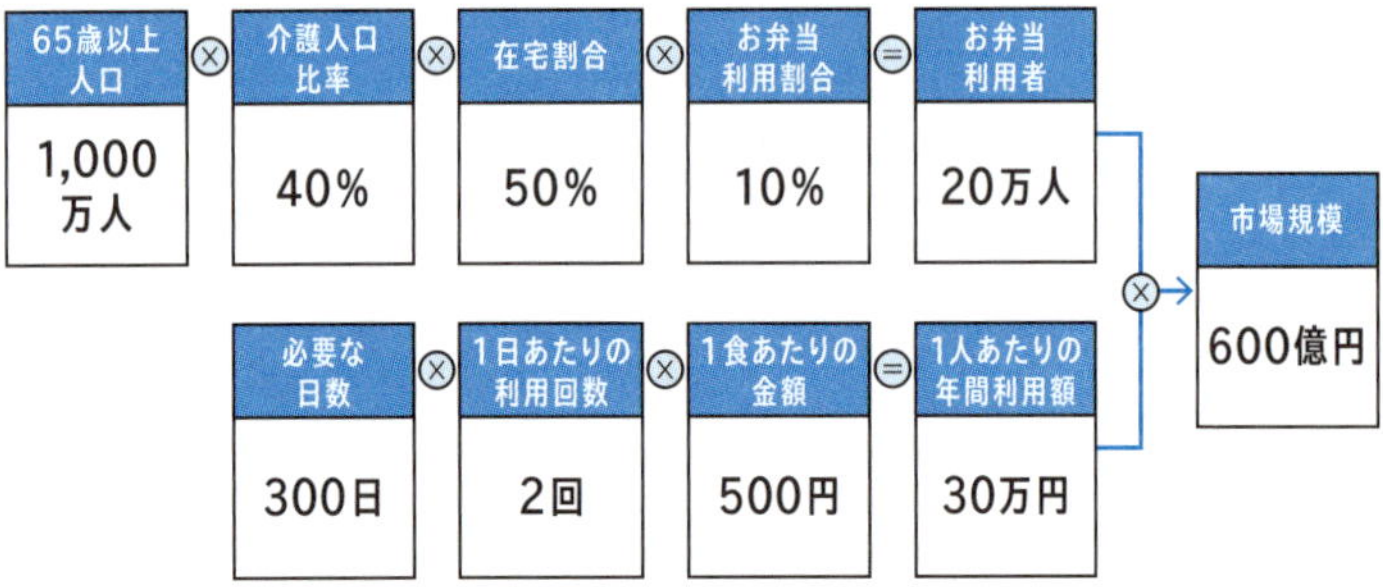
65歳以上人口
1,000万人
介護人口比率
40%
在宅割合
50%
お弁当利用割合
10%
お弁当利用者
20万人
必要な日数
300日
1日あたりの利用回数
2回
1食あたりの金額
500円
1人あたりの年間利用額
30万円
市場規模
600億円

市場規模の試算

てやると、そこそこ実際に近い数字にはなるはずだと思います。

いま、すごく丁寧に説明しましたが、もっとラフに感覚的にやっちゃってもいいです。試算のひとつひとつの箱の数字は、なんとなく常識的にこれくらいかな、という自分の感覚でやってしまいます。1食あたりのお弁当の金額も、500円っていうとなんとなく合っていそうですよね。お弁当の値段としてそんなにずれてなさそう。1日あたりの利用回数も、丁寧に説明すると「朝食分は簡単に済ますので……」になりますが、まあ、「だいたい2食」だとかっていうところからスタートすればいいんですよ。

必要な日数も300日としましたが、人によっては1日おきくらいだと考えて150日としてもいい。あんまりカッチリと考えずに、自分だったらこんなもんだよねっていうところから、まずは埋めてみる。それをだんだん精緻化していけばいいんです。いきなりちゃんとやろうと思うと難しいですから。

——質問いいですか？

これを複数の人がやった場合、試算の数字は一緒になるんでしょうか？

もちろんズレます。そしたら、どこが原因でズレているのかをたしかめます。感覚的な数値がズレることもありますし、いちばん最初にやるとたぶん、計算する掛け算のひとつが抜けちゃったりすることもあると思います。もうひとつ細かく分解している人もいれば、ミスで抜けちゃってる人もいたりします。

ひとりでやるのが最初のステップだとすると、複数でやって人と合わせると、たしかにこっちのロジックのほうが合ってそうだよねとか、こっちのほうがスジよさそうだよねって見えてくるケースもあるので、より精緻に定量化ができることになります。どっちが正しそうかの意見が合わなくても、今後の検証ポイントというかたちで問題が明確になるので、そういう意味でも、人のロジックと合わせるのは有効ですね。

計算の仕方、分解の仕方も、いろいろなやり方があるので、自分の感覚のあるところでつくっていけばいいでしょう。
では、実際にやってもらいましょう。

演習1 PRACTICE インターネットスーパー事業の市場規模を試算する

社長から、新規事業としてインターネットスーパー事業の検討を依頼されました。まずは、ざっくりと市場規模を推定してみましょう。

〈参考情報〉
・対象地域：東京都（人口1300万人、世帯数600万世帯）
・小売業におけるインターネット利用率：3％
※制限時間：5分

つまり、「東京都におけるネットスーパーの市場規模を試算する」ということですね。楽天やアマゾンの利用率ってとても高いですよね。すっかり一般的になりました。でも、生鮮食品、いわゆるスーパーのネット利用はまだまだ成長過程です。インターネットスーパー事業に参入するとして、この市場規模を試算してください。「生鮮食品をインターネットで買うニーズってどれくらいあるでしょう」っていうことです。

ちゃんと調べようと思うと、いろいろ情報が欲しいと思いますが、この場で5分くらいで考えてください。ざっくりとラフでいいので、とにかく答えを出すっていうところを意識してみましょう。時間をかけようと思ったら、2週間でも2か月でもかけられますが、現実的には時間が十分あるということはほとんどないので、限られた時間で答えを出す、という意識でやってください。

＊＊＊

では、そこまでにしてください。自分の試算を発表していただける方いますか？

東京都世帯数	×	ネットショッピング利用率	×	ネットスーパー利用率	×	1回あたり金額	×	利用日数
600万世帯		3%		20%		1000円		平日22日

＝7億9200万円（月あたり売上）⇒ ざっくり年間100億円

演習1　回答例①

回答例①

——まず、東京都の６００万世帯のうち、ネット通販利用の３％をかけます。ネット通販利用してる方のうち、ネットスーパーを利用しそうなのが、なんとなく５分の１くらいかなって思ったので20％をかけました。ネットスーパーを利用する方ってたぶん、働いていて、昼ごはんはいらないなと思ったので、夜ごはんで１世帯あたり２人だから、１日の単価は２人かける５００円で１０００円くらいかなと思いました。利用するのは平日だけだと思うので１か月あたり22日としました。この利用者数と金額と日数をかけて、７億９２００万円になりました。

　これは１か月あたりの数字なので、年間だと12倍。１００億円弱くらいの市場じゃない

4人暮らし世帯の場合

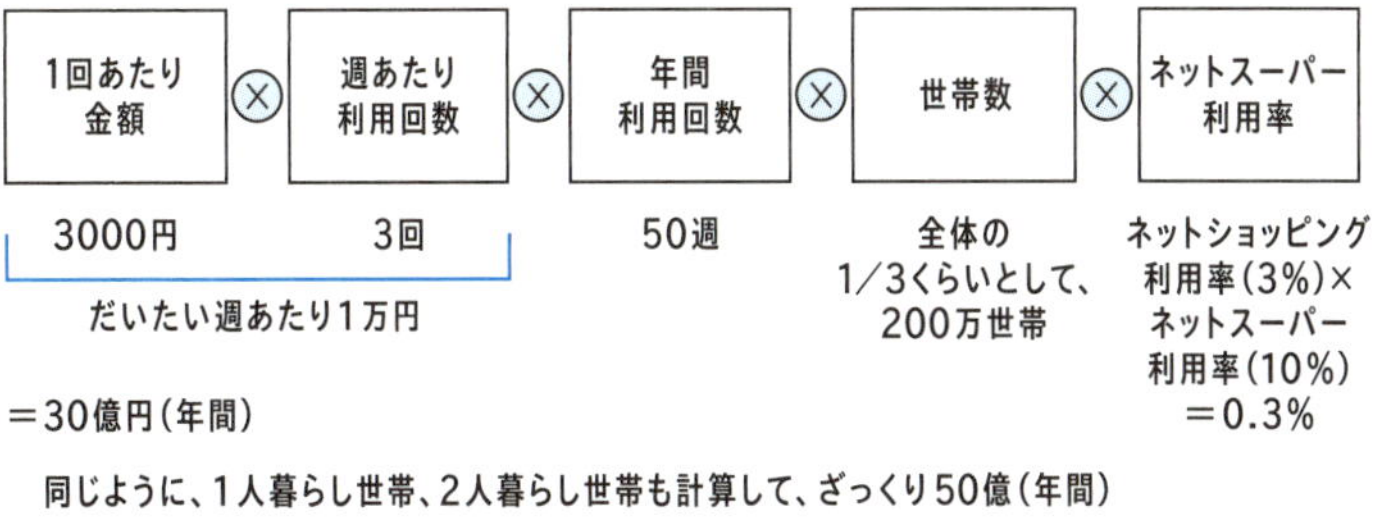
1回あたり金額
×
週あたり利用回数
×
年間利用回数
×
世帯数
×
ネットスーパー利用率
3000円
3回
だいたい週あたり1万円
50週
全体の1/3くらいとして、200万世帯
ネットショッピング利用率（3%）×ネットスーパー利用率（10%）＝0.3%
＝30億円（年間）
同じように、1人暮らし世帯、2人暮らし世帯も計算して、ざっくり50億（年間）

演習1　回答例②

かと思います。

なるほど。丁寧に計算されていますね、ありがとうございます。

回答例②

――ざっくりですが、1世帯あたり4人家族とすると、週3回買い物をして、1回3000円くらいとしました。ネットとか関係なく、食料品の支出全額として。とすると、週1万円くらい食料品には使っていることになる。年間だと50万。4人家族世帯が600万世帯のうち、3分の1くらいかなと思うと、とりあえず、4人家族だけで200万世帯。50万掛ける20万なので、1兆円……。

人数別世帯数	男女比	ネットスーパー利用率	ネットスーパー利用世帯数	週あたり金額	年間利用回数
1人:300万	5:5	女性のみ1%	1.5万世帯	3000円	50回
2人:200万	-	3%	6万世帯	6000円	50回
3人以上:100万	-	3%	3万世帯	9000円	50回

=22億円(1人暮らし世帯)+180億円(2人暮らし世帯)+135億円(3人以上世帯)

=337億円(年間)

演習1　回答例③

世帯別に、何人家族かで世帯数を分けて計算したっていうことですね？

――分けました。4人世帯と同じように、ほかの世帯の計算もやりました。1人世帯、2人世帯はスーパー利用がだいぶ少ないと仮定しています。最後、3%のネット利用率を参考に、ネットスーパーの利用率はもっと低くて、0・3%くらいかなと思って、その%を掛けたら全体で50億円くらいになりました。

年間50億円ですね。

回答例③

――えーと、340億円くらいになりました。

最初に、世帯を、1人世帯、2人世帯、3人世帯っていうふうに分けました。それぞれの世帯数が、300万、200万、100万、足すと600万世帯くらいかなと。

そのあと、利用率を考えてみました。1人暮らしの場合、男の人でも女の人でも、コンビニとかけっこう使うから、スーパーはあまり使わないと想定して1%にしてあって、2人とか3人になってくると、やっぱりスーパーの利用が多いよねということで、たぶん1%より高い3%とかになっていると。

それをかけ算したら、いわゆる利用世帯数っていうのが決まってくるかなと。合計すると10万世帯くらい。

で、その後1世帯あたりどれだけの金額を使うかを考えました。1世帯あたり、1人暮らしだと3000円なんで、2人暮らしだと、その倍の6000円にしてあって。3人以上は3倍なので9000円とか。それが1週間の消費金額なんで、それに1年間52週なんで、ざっくり50週をかけてみました。

基本的にみなさん、とてもいいです。

いまやってみて、何もなくても、調べなくても、ざっくり計算できるって実感してもらえましたか？　できるんです、調べなくても。ただ、3人の方の結果には、ブレがありましたね。最初の方が100億円くらいで、次の方が50億円で、最後が340億円くらい。

でも、1000億円はないなってわかりますよね。数百億円くらいありそうだっていうのも、なんとなくわかりますね。50億円っていう回答もありましたが、だいたい100億円から数百億円くらいかなとわかりました。そうすると、けっこう有望そうだからもうちょっと調べてもいいかなという判断ができます。もしこれが1億円とか3000万円とかだと、さすがにこの市場は厳しいかなという判断ができます。

今回、3人の数字のブレの原因を見てみましょう。たとえばわかりやすく言うと、回答例①と回答例③を見ると、回答例①はネットを利用する人のうち、ネットスーパーまで利用する人は5分の1くらいかなっていう想定で20%をかけていますが、回答例③は、ひとり暮らしの女性以外はこの想定が入っていない。また、利用金額も回答例①では1回あたり1000円で平日利用なので、週5000円の想定なのに対し、回答例では、世帯別に仮定を置いていますがおそらく平均すると6500円くらいでしょうか。このあたりの違いが、ブレの要因かと思います。

どっちが正しいっていうのはまだわからないので、「ここが違うね」という議論ができれば、ズレはズレでいいんです。そのほかはだいたい考え方は同じだね、という話ができますし。基本的には考え方が同じだということが確認できれば、数字の精緻さについては、そのあとひとつずつ詰めていけばいいでしょう。

インターネットスーパー事業の市場規模を推定する

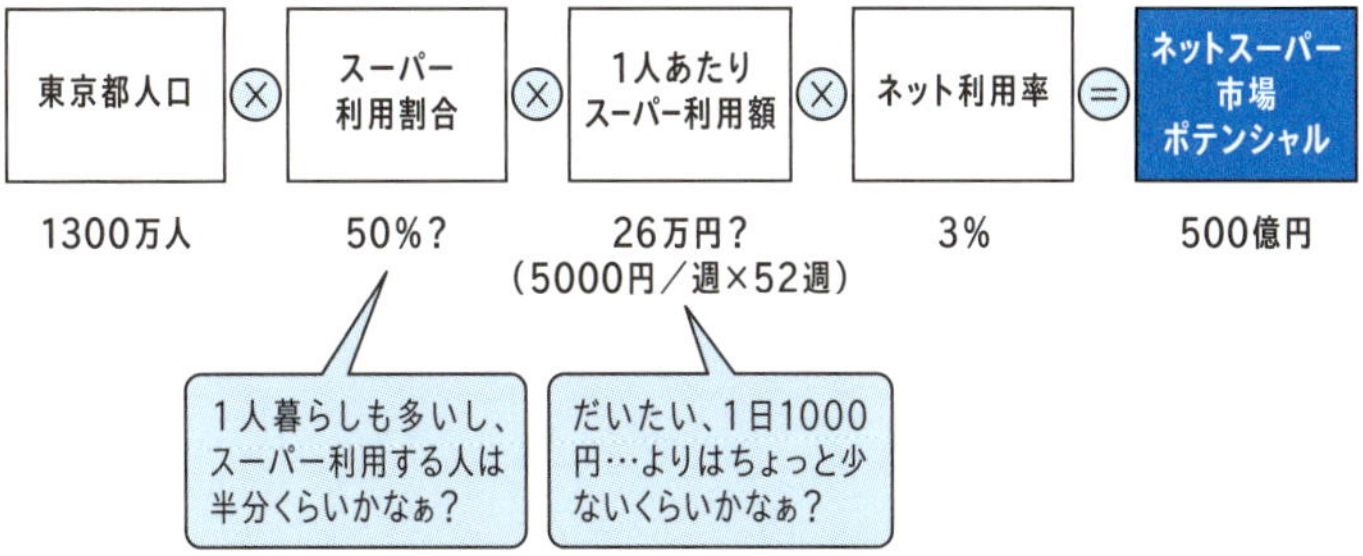
東京都人口
×
スーパー
利用割合
×
1人あたり
スーパー利用額
×
ネット利用率
＝
ネットスーパー
市場
ポテンシャル
1300万人
50%？
26万円？
（5000円／週×52週）
3%
500億円
1人暮らしも多いし、
スーパー利用する人は
半分くらいかなぁ？
だいたい、1日1000
円…よりはちょっと少
ないくらいかなぁ？

演習1　回答例④

回答例④

では、私たちが用意した回答例を説明しておきます。すごくシンプルにつくってみました。

みなさんとの違いは、利用者数は世帯じゃなくて人口でやってみました。東京の人口は1300万人で、スーパーの利用割合はわからなかったんで半分くらいにしてみました。利用金額も1週あたり5000円、だいたい1日1000円よりは、ちょっと少ないくらいかなと。で、52週かけて、年間26万円。

これに参考情報のネット利用率をかけています。これはスーパーだけじゃなくて一般的な小売の利用率なので、ほんとうはここまでないかもしれないんですけど。ポテンシャルとして市場規模は500億円くらいになりました。

1分でやれって言われたら、まずはこんな感じに超シンプルにやってみます。このあと、ちゃんとやっていくと、もっと細かく見る必要があります。ほんとうは人口じゃなくて世帯別に見なきゃいけないし、1人暮らしと家族じゃ、全然違うでしょう。ネット利用率の3%も、いま生鮮品全然普及してないので、足元の数字を考えると回答例①のように20%くらいかけて割り引いたほうがいいかもしれない。こんなふうにそれぞれ検証するポイントはあるんですが、まずは1回ざっくりと答えを出してみることが大事なんです。

だいたいの試算ができると、経営判断ができます。もし、社長から1000億円の事業を目指せって言われていたら、この時点でもう無理ですよね。多めに見積もった市場規模が500億なのに1000億は無理。目指すのが1億円だったら全然いけるかもしれないですが。

ここまではほんとうに1分バージョンの試算をやってみましたが、ちょっと調べると、東京都のスーパー市場規模の数字は世の中にあります。だいたい2兆円くらいです。私たちの試算だと、1300万人（東京都人口）×50%（スーパー利用割合）×26万円（1人あたりスーパー利用額）＝1・7兆円なんで、そんなにズレてないですね。

そのあとのネットスーパーの利用率3％の想定は、誰にもまだわからない数字なんで、それ次第で決まりそうです。それを5％くらいあるって見るのか、1％しかないって見るのかで、市場規模は変わってくるでしょう。

何度も繰り返しになりますが、コツはひとつひとつをカチカチ詰めていくよりは、まずざっと書いてみて、その中で潰せるところを潰していくこと。そういうステップのほうが効率がよいでしょう。

②事業の魅力度を考える

自社と競合を見る

市場がだいたいわかったら、じゃあその市場の中で自分はどのくらい勝てそうかを考えます。「3C」を事業計画という観点で見ると、次はこう考えていこうというのが、左ページの図です。まず、先ほど「魅力ある市場」かどうかというところを、定性的ニーズと定量的な市場規模で確認しました。

次は、「市場で勝つためののKFSは何か?」っていうところを考えます。「KFS」についてはあとで詳しく説明しますが、要は、この魅力的な市場で勝つためのポイントです。勝つためのポイントを整理したあとに、自社と競合を比較して、競合はどんな強みを持っているのか、それに対して、自社はどんな強みがあるのか検証していくという流れです。

最終的には、自社はどのような強みを武器に、この市場でどの程度勝てる見込みがあるのかということを明らかにすることがここでの目的であると考えてください。

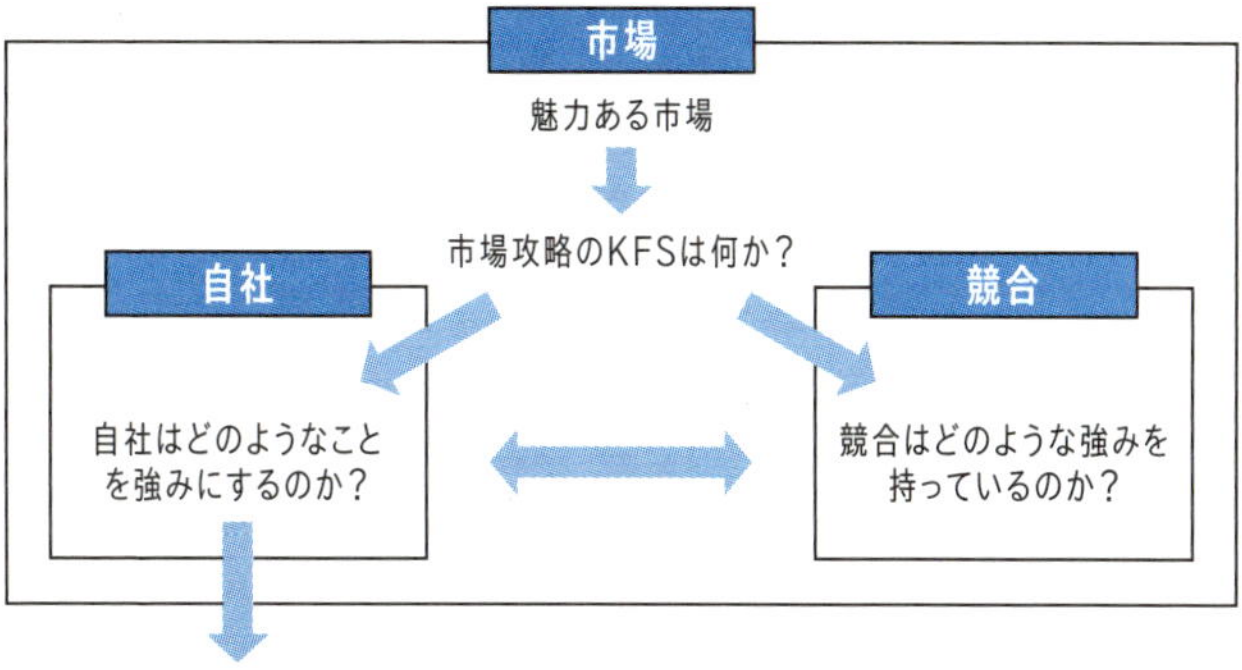
市場
魅力ある市場
市場攻略のKFSは何か？
自社
自社はどのようなことを強みにするのか？
競合
競合はどのような強みを持っているのか？
自社の戦略

3Cの関係

いちばんのキモ、KFSを特定する

では、「KFS」とはなんぞや？　というところから説明します。

KFSは、「Key Factor for Success」の略で、「その市場を攻略するにあたって、いちばんのキモとなり得るポイント」のことです。つまり、この事業をやっていくときに、何をいちばん重視したらいいのかを特定するということですね。成功するための要因とも言えます。

ちょっとわかりにくいかもしれないので、事例をいくつか挙げて説明します。

事例 4 EXAMPLE

SNS（ソーシャル・ネットワーキング・サービス）のKFS

ラインやフェイスブックなどのSNSってものすごい成功してますよね。「なぜ成功したんですか？」って聞かれたときに、ひとことで「XXだからです」っていうXXが、KFSなんです。

SNSのKFSは、「ユーザー数がどれくらい多いか？」だと言われています。なぜかというと、コミュニケーションのツールなので、どれだけ自分のまわりの人がこのアプリ・サイトを使っているかが、最大のキモです。ですので、SNS各社は魅力的なサービスを無料で提供して、ユーザー拡大を最重要目標として活動します。ユーザー数が拡大すれば、広告収入も期待できるし、いわゆるビッグデータの活用も可能になります。また、ユーザーがユーザーを呼ぶ好循環にも入ります。

事例 5 EXAMPLE

ガソリンスタンドのKFS

次の例は、ガソリンスタンド。KFSは、「いかに仕入れを安定的に安くできるか？」です。その理由は、販売しているガソリン自体はどこで買っても同じ商品なので、安く仕入れる分だけ利益が取れるということです。利益があれば、それだけよいサービス、よい設備ができ、ガソリンスタンドとしての魅力度も上がります。安く仕入れることによって、その分の利益をサービスに転嫁して差別化できるということですね。また、安定的というのもキモです。石油はほぼ100％輸入しているので、戦争などの影響を受けずに安定的に仕入れることができる輸入ルートを持っているというのもKFSなんです。

事例 6 EXAMPLE

ファストファッションのKFS

最後は、ユニクロやH＆Mなどのファストファッションと呼ばれる事業です。KFSは、「低コストでの生産リードタイムを短くできるか？」です。つまり、いち早くトレンドをとらえて、店頭に並べることが重要。そのために、デザインが決まってからいかに短期間で生産できるかで競合との差が生まれます。安く短期間でつくれる会社が成功してきている。

ユニクロやH＆Mは、高級ブランドのようにファッション性に尖っていたり、独自性がある必要はない。そういうものを求めて買いに来る人はあまりいない。ですから、いち早く、世間のトレンドをとらえて、早くつくって、店頭にそれを並べていくことがいちばんのキモになってきます。たとえばＨ＆Ｍは、デザインが決まってからお店に並ぶまで、最短で２週間でできるそうです。すごいスピードですよね。

いかがでしょう？　ＫＦＳってどんなものかイメージできましたか？

これがＫＦＳです、って説明されると、ああ、そうかと思うんですが、実際にはこれを自分で考えなければなりません。考えるコツはなかなか難しいですが、成功している企業と、そうでない企業のパターンを比較してみて違いを見つけるのがひとつです。実際には事業ごとにいろいろなパターンがあって難しいですが、ここではＫＦＳを考えないといけないっていうことを理解してもらえればいいです。

自社と競合を見るときの注意点

ありがちなこと①　競合のとらえ方を間違える

ＫＦＳが設定できたら、競合と自社を見ながら、ＫＦＳに対してどのくらいうまく対応できているのかを考えます。ここで、よくありがちな落とし穴があるので、説明しておきます。

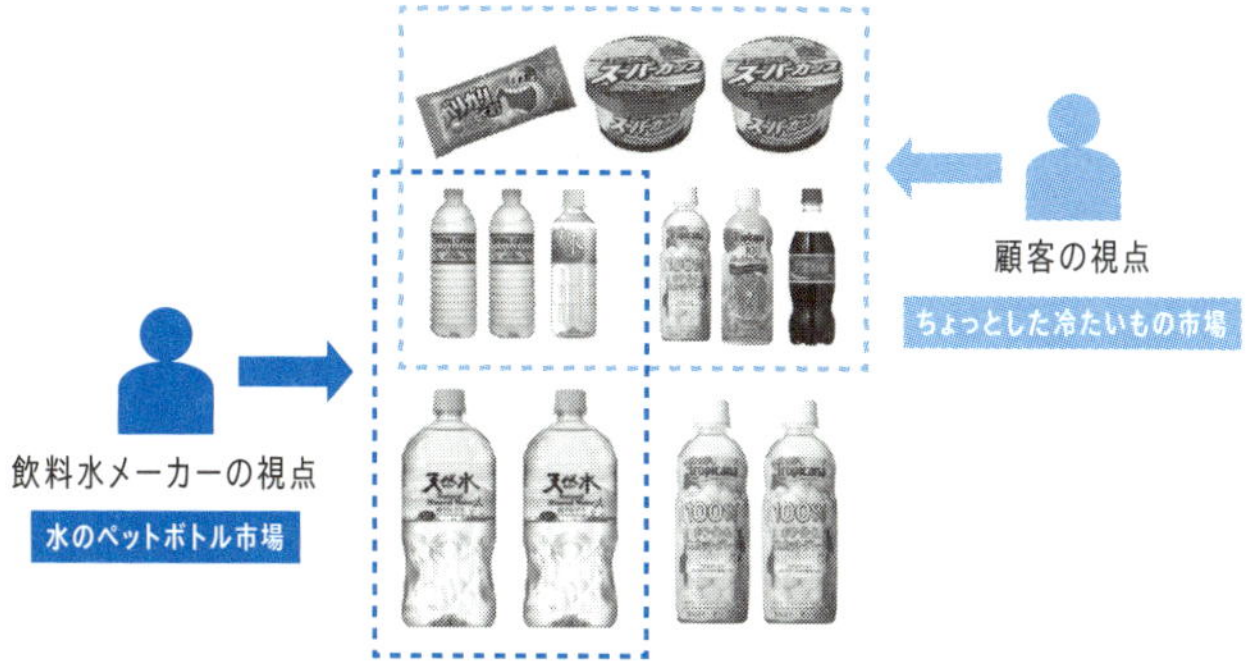

ありがちなこと①　競合のとらえ方を間違える

まず、競合のとらえ方です。たとえば、みなさんが飲料水メーカーの人だったとしましょう。コンビニに水が並んでいます。一般的に飲料水メーカーの人がどういうふうにこの市場をとらえているかというと、「水のペットボトル」の市場として、市場を定義しがちなんですね。

ところが、お客さんの視点から考えてみると、どうなりますか？　自分がコンビニに買いに行ったとしてください。明らかに最初から「どの水を買おうかな」と思って見に行く人はほとんどいなくて、むしろ、お茶やジュースなども含めた「ちょっとした冷たいもの市場」としてとらえますよね。水ももちろん入りますけど、ときにはアイスクリームみたいなものはどうかなと思ったりします。

その一方で、「ちょっとした冷たいもの市場」には、2リットルとか、1・5リットルの飲料水は選択範囲外ですよね。さすがに多すぎる。でも、飲料水メーカーは、「水」で市場をとらえているから、市場のレポートも、自社の売上とかシェアも、全部これで構成されている。だから、競合はほかの水メーカーに設定してしまう。500ミリリットルのライバル商品を2リットル商品に設定してしまうことがあります。

こういうふうにとらえちゃうと、お客さんのニーズに対しての競合が見えてこない。お客さん目線で考えると、ほんとうの競合は、水ではなくソフトドリンクメーカーやアイスクリームメーカーになるわけです。その競合とどう差別化できているかとか、アイスクリームとどうやって棲《す》み分けるかを考えていかないといけないですよね。

大事なのは、まず顧客目線で競合をとらえること。BtoCのビジネスは比較的簡単で、自分がその立場になって考えれば、ある程度わかります。わからないときは、全然ビジネスに関係のない一般ユーザーに聞いてみたりすると、「あっ、そうか」という気づきが得られるでしょう。

ありがちなこと② 自社の強みがひとりよがり

もうひとつは、自社のとらえ方です。自社の強みを設定するときに、きちんと競合と比較して強みを設定しないと、ひとりよがりになってしまいます。

たとえば、左の図のありがちなことを見てもらうと、「我が社は、最近生産ラインを効率化

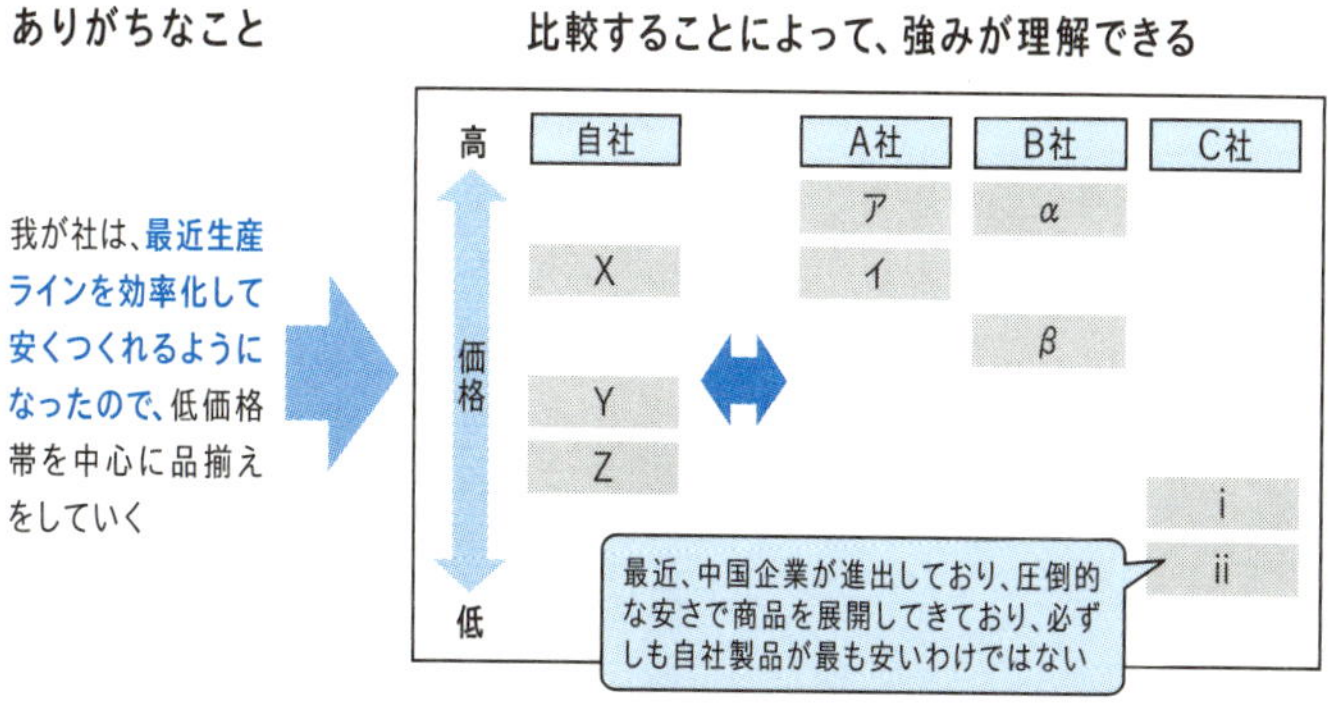
ありがちなこと
我が社は、最近生産ラインを効率化して安くつくれるようになったので、低価格帯を中心に品揃えをしていく
比較することによって、強みが理解できる
高
価格
低
自社
X
Y
Z
A社
ア
イ
B社
α
β
C社
i
ii
最近、中国企業が進出しており、圧倒的な安さで商品を展開してきており、必ずしも自社製品が最も安いわけではない

ありがちなこと② 自社の強みがひとりよがり

して安くつくれるようになったので、低価格帯を中心に品ぞろえをしていく」と、低コストを強みとし、低価格戦略を目指しています。

でも、競合と比較してみると、どうも自社はコスト競争力がないということがわかってきます。「X」や「Y」、「ア」や「イ」はひとつひとつの商品を表しているのですが、自社の商品とほかの会社の商品も並べてみると、C社の「i」と「ii」は、自社の商品より安い。実は最近この中国資本のC社が進出してきて、圧倒的な安さで商品を販売してます。

たしかに、自社も安くつくれるようになりましたが、世の中を見てみると、もっともっと安いところがあります。この状態で低コストを強みだと勘違いしちゃうと、全然C社に勝てない事態が起きてしまうことがあります。

ですから、自社の強みというのは、自分が考える自社の強みじゃなくて、競合と比較して出てきたものにしなければなりません。そうしないと、強みだと思っていたことが強みじゃない、他社はもっとすごかった、みたいなことになります。

けっこうありがちなのが、なんとなく自分たちの会社でずっと言われていた自社の強みが、実はそうでもなかったということです。「うちはこれがいいんだよ」みたいな定説があったとしても、それはほんとうにほんとうかと疑ってみてください。ほかの会社を見てみたら、実はそうでもなかったということは往々にしてあります。

KFSの観点から自社と競合を比較する

では、競合と自社をどうやって見ればいいのか、というと、左ページの図を見てください。導き出した事業のKFS（その市場で勝つために、いちばんのキモとなり得るポイント）に対して、自社と競合を比較して、自分たちがどういうポジションなのかを見ていきます。

KFSはひとつとは限らないので、KFS①、KFS②としてあります。先ほどのガソリンスタンドの例だと、①安く仕入れる、②安定的に仕入れる、の2つがありましたね。いくつかのKFSに関して、自社と競合を並べて○×表をつくると、すごくわかりやすくなります。

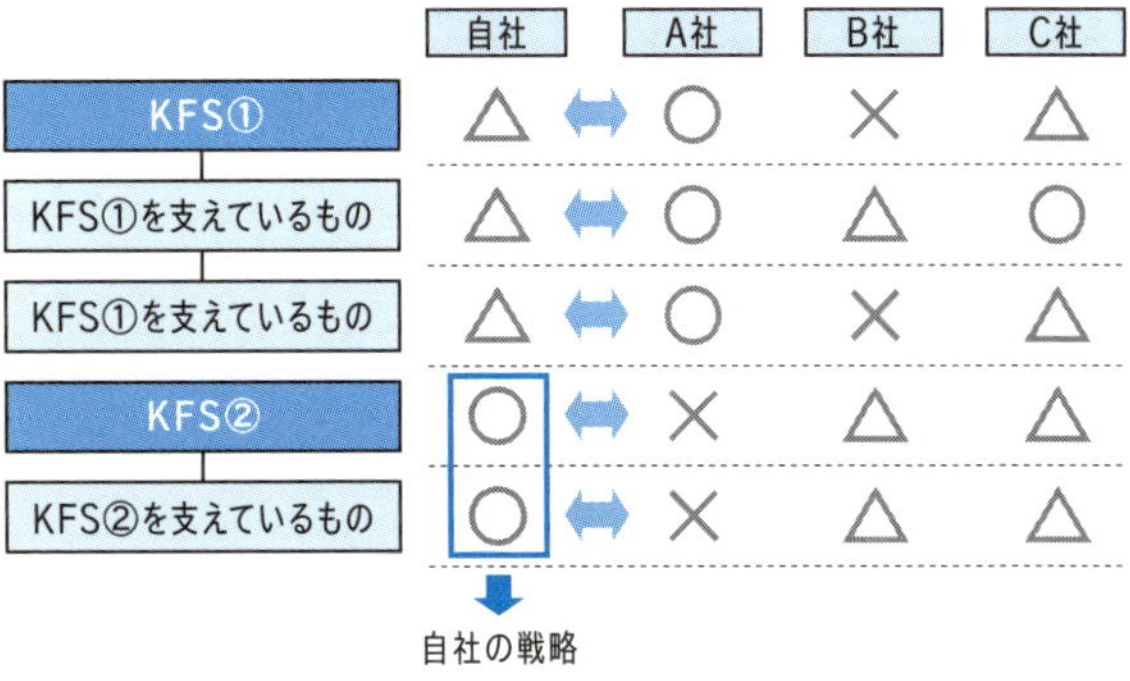
自社
A社
B社
C社
KFS①
KFS①を支えているもの
KFS①を支えているもの
KFS②
KFS②を支えているもの
自社の戦略

KFSにおいて自社と競合を比較 → 強みが見えてくる

たとえばこの図を見ると、KFS①については、自社は△で、A社は○、B社は×、C社は△。KFS②に関しては、自社は○が2つある。じゃあKFS②では、自社は有利なので、ここをがんばればこの市場で勝てる可能性が高いということが、すぐわかります。強みになるKFSがわかれば、イコール、ほぼ戦略ができてしまいます。このKFSを狙っていったらいいんだよってわかりますから。

「KFS①を支えているもの」っていうのは、たとえば、KFS①が石油の安定供給だとすると、支えているもののところには、「タンカーを自社でY隻持っている」とか、「拠点がたくさんある」とか、安定的に供給できる要因を入れます。

事例 7 EXAMPLE

ファストファッションビジネスをKFSで比較する

これもファストファッションの例で考えてみましょう。KFSは、「低コストの生産体制」と「生産リードタイムの短さ」でしたね。この2つができた企業が、いま成功しているH&Mやユニクロだということですね。

これを、自社と競合で比べてみる。まずは、「低コストの生産体制」に関して見ると、自社は最近、安い労働力の中国に生産拠点を移したので、以前よりもコストが下がった。だから、自社的には安くなったと思っています。でも、実はここは△なんです。その理由は、A社が中国よりもさらに安いカンボジアやバングラデシュに生産拠点を移していて、かなり低い生産コストなはずだからです。

そうすると、自社としてはこれは強みになると思っているので、○なんですが、競合と比べると△になっちゃうんです。

ちょっと余談ですが、中国から生産拠点を移すというのは実際に起きていて、昔は服のタグにほとんど「メイド・イン・チャイナ」って書いてありましたが、いまは、東南アジアの国名

(例)ファストファッション	自社		A社	B社
低コストの生産体制	△ 最近、安い労働力の中国に生産拠点を移したので、以前よりもコストは下がった	⟷	○ 中国よりもさらに安い、カンボジアなどに生産拠点を移しており、かなり低い生産コストのはず	× リードタイムと品質重視で自前工場を日本で抱えている
生産リードタイムの短さ	○ デザイナーを工場にも置いて、デザイナーと工場とのやりとりを効率化し、リードタイムを短くした	⟷	△ カンボジアでの生産体制はまだまだ構築途中で、リードタイムの短縮はこれからの課題	○ 国内自社工場があり、かつ、最先端の機器が入っているので、スピーディーに生産が可能

KFSにおいて自社と競合を比較

が書いてあることが多いです。ベトナム、カンボジア、バングラデシュが多いと思います。メーカーは低コストが命ですから、どんどん生産拠点を移している状況です。

もうひとつのKFSは、「生産リードタイムの短さ」。どれだけ早くつくれるかっていうことですね。これに関しては、自社は○になっています。デザイナーを工場にも置いて直接やりとりできるので、すぐつくれますということですね。デザイナーがデザインした服を実際につくるのは工場の人ですから、彼らがちゃんと工場でつくれるようにしないといけない。工場の能力によってできるできないがあるので、服をつくるときは、デザイナーと工場がそのやりとりを頻繁にしないといけないんです。工場を中国に移したからといって、日本のデザイナーと中国の工場でやりとりしていると、時間がすごくかかっちゃいます。だから、デザイナーも中国に置いて、中国国内で完結するようにして、それだけ速く生産できるようにしているのが、自社です。

一方、生産コストが低かったA社は拠点を移したばかりなので、生産体制がまだ整っていない。安くつくれるが、ちょっと時間がかかっちゃうので、△になっています。

B社を見てみると、B社は自前主義で生産を日本でやっています。コスト面から言うと、日本でつくるとものすごく高いので×ですが、国内にすごくいい機械を入れているのでリードタイムは短くできるので○になります。

こういうふうに表をつくると、自社の強み、戦略が浮き彫りになってきますよね。自社はどういう方向の戦略でやっていけばいいのかっていう議論ができる。この例なら、たとえば、リードタイムの短さを基点にしながら、コスト的にはまだまだがんばらないといけないね、というような話ができます。

自社の戦略を立てるとすると、なるべく早くいいものを出していきましょう、ただ、価格的にはそんなに訴求することはできない。いいものを、そこそこの安さで売っていくというのが、この会社の戦略になるかもしれません。生産コストをもっとがんばるっていうのは、もちろんあります。A社のようにカンボジアに拠点を移すというのも、別の方向としてはあります。

ただ、このマップがないと、そもそも勝てる余地があるのか、また勝てるとしたら何をやったらいいのか、どれをやったらいいのかわかりません。事業の魅力度を考え、戦略をつくるときはぜひ、ＫＦＳで自社と競合を比較してください。

参考 1 REFERENCE

競合について調べるときのヒント

ここからはちょっと参考程度に聞いてください。競合について調べようと思ったときに役に立つと思います。

競合について知りたいことは当然いろいろありますが、何を調べればよいのかをその深さのレベルで整理してみます。

・**結果**

売上や利益、シェアのような事業の結果となる企業の業績です。これらは、企業のホームページや「四季報」などで確認することができます。

	情報ソース
・売上 ・利益 ・シェア	・企業のHPに書かれていることが多い ・財務的な情報に関しては、「四季報」、帝国データバンクなどの情報も活用
・具体的なサービス商品の内容 ・ターゲット顧客（利用者）	・企業のHPに書かれていることが多い ・実際に使ってみる、問い合わせてみる、お店に行って見てみるなど、実感することも重要
・組織体制 ・コスト構造	・HPの情報から推測 ・自社の構造から推測 ・新聞、雑誌などの情報から推測

競合同士を比較してみることも重要

（参考）競合について知りたいこと

・サービス・商品

結果を支えているのが、サービスと商品です。どんなサービスを提供した結果、シェアが取れているのか、ということですね。

サービスと商品については、企業のホームページにだいたい書いてあります。あとは、実際使ってみるとか、使わなくても問い合わせるとか、実際に体験することもけっこう重要です。

たとえば、ウェブを見てもそのサービスのイメージがわからない、でも実際に買うには高すぎるといった場合でも、お客様相談電話番号にかけて聞いてみたりすると、簡単にわかったりします。

・仕組み

サービスや商品を生み出す仕組みです。具

体的に言うと、組織体制やコスト構造です。

実はこの情報、図の下にいけばいくほど、入手しにくくなります。いちばん下の仕組み、どうやって安くつくっているかというコスト構造は、たいていの場合極秘です。他社に真似されたら困るので、教えたくない。開発の組織体制なども、世の中にほとんど出ていない。いくらがんばっても、結局、仕組みの確実な情報は手に入りませんから、ほとんど期待しないほうがいいと思います。

仕組みについては、ほぼ推測するしかないです。こういう商品をつくってるんだったらコスト構造はこうかなとか、雑誌とか記事でこう言ってるから組織体制はこうかなって、推測するしかない。ですから、競合他社の組織体制やコスト構造を調べてこいと言われたら、すごく大変な仕事だなぁと思ってください。

まとめ 2 SUMMARY

事業の意義を明確にするための内容

・ミッションを明確にする
・事業の魅力度を考える

ミッションとは

・目指す姿や提供する価値を定義したもの
・事業を遂行する上で判断の軸となるもの
・会社やチームで共有すべきもの

事業の魅力度とは

市場・競合・自社の3つの観点から考える
（3Cのフレームワークを使う）

市場を見るには

・定性的に見る（消費者の声を聞く）
・定量的に見る（市場規模を試算する）

自社と競合を見るには

・KFS（その市場を攻略するためのいちばんのキモとなるポイント）を特定する
・自社と競合をKFSで比較し、その市場で武器となる自社の強みを洗い出す
・その武器で自社がどの程度勝てる見込みがあるのか明らかにする

3 時間目

STEP②
ビジネスモデルを考える

③ビジネスモデルを考える

事業計画のSTEP1「事業の意義を考える」が終わって、自社のミッションにも合っているし、ニーズも市場規模もある。こうすれば勝てそうだという自社の戦略もなんとなく見えてきたとしましょう。

そうしたら、次はその事業を実現するためのビジネスモデルを考えるステップです。

ビジネスモデルという言葉は非常に一般的ですが、定義はとてもあやふやです。ネットで「ビジネスモデル」と検索すると、いろいろな人がいろいろな定義をしています。

それらに共通しているところを抽出して、「ビジネスモデルとは、儲けを生み出すビジネスの仕組みである」と定義しました。この先の定義はけっこうあいまいなので、いまはこれだけ覚えておいてもらえれば大丈夫です。

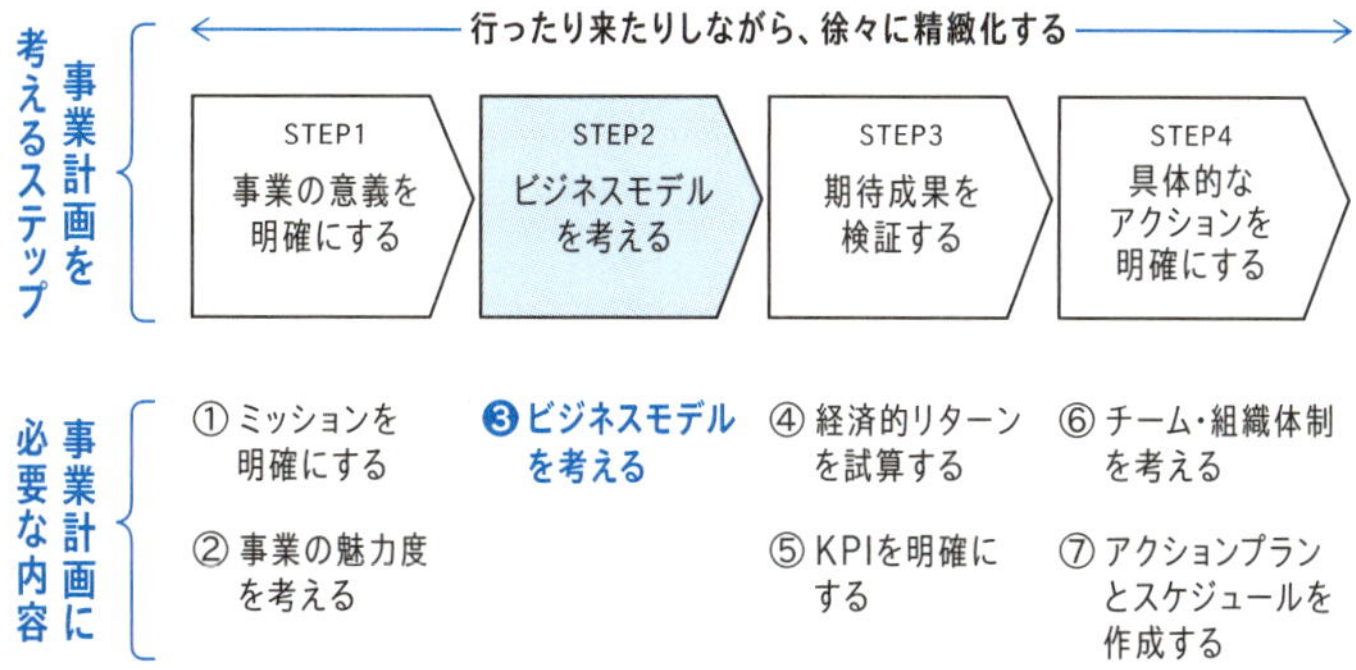
事業計画を考えるステップ
行ったり来たりしながら、徐々に精緻化する
STEP1 事業の意義を明確にする
STEP2 ビジネスモデルを考える
STEP3 期待成果を検証する
STEP4 具体的なアクションを明確にする
事業計画に必要な内容
① ミッションを明確にする
② 事業の魅力度を考える
❸ ビジネスモデルを考える
④ 経済的リターンを試算する
⑤ KPIを明確にする
⑥ チーム・組織体制を考える
⑦ アクションプランとスケジュールを作成する
事業計画のつくり方

ビジネスモデルを考える4つのステップ

今回はビジネスモデルを考えるために、次ページの図のような4つのステップで考えてみましょう。

① バリューチェーンを理解する

バリューチェーンとは、付加価値を生み出すプロセスを分解したものです。モノやサービスを生み出して、それをお客さんに買ってもらう・利用してもらうというところまでの一連のプロセスを表現するフレームワークと考えてください。

たとえば出版事業で言うと、「企画」「執筆」「編集」「印刷」「流通」「販売」に分解することができます。こんな本を出そうという企画があって、著者が執筆して、編集者が編集して、印刷

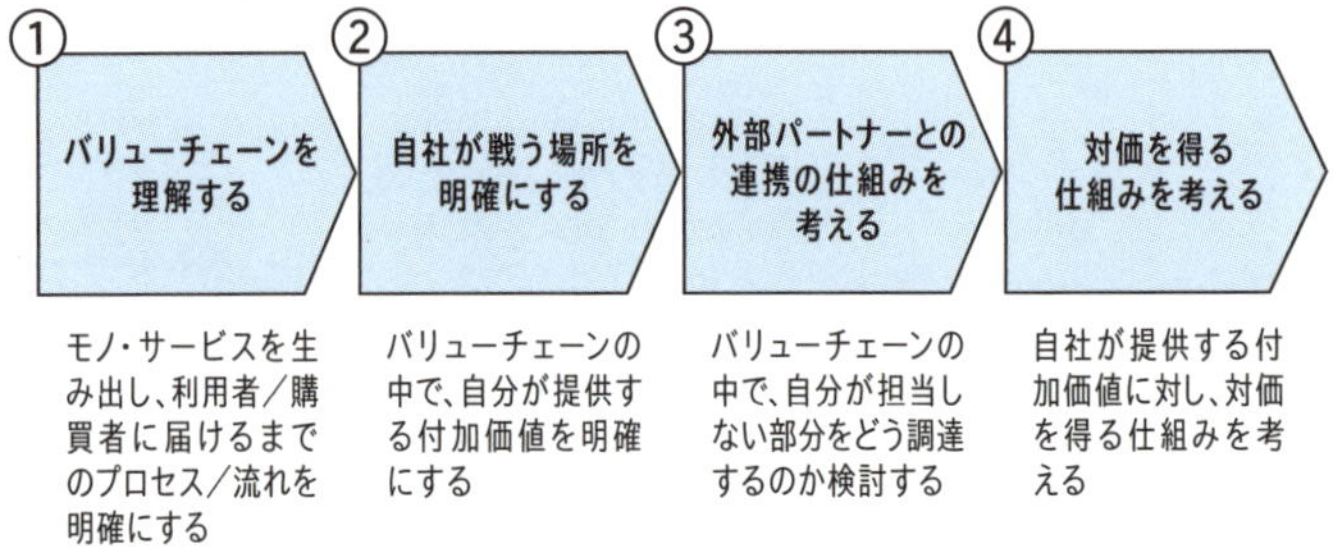
①
バリューチェーンを理解する
モノ・サービスを生み出し、利用者／購買者に届けるまでのプロセス／流れを明確にする
②
自社が戦う場所を明確にする
バリューチェーンの中で、自分が提供する付加価値を明確にする
③
外部パートナーとの連携の仕組みを考える
バリューチェーンの中で、自分が担当しない部分をどう調達するのか検討する
④
対価を得る仕組みを考える
自社が提供する付加価値に対し、対価を得る仕組みを考える

ビジネスモデルを考えるステップ

所で印刷し、それを書店に配送し、書店で販売や販促をする、という一連の流れです。

バリューチェーンは、業種ごとに異なります。自分がやろうとしている事業のバリューチェーンについて理解するのがひとつめのステップです。

②自社が戦う場所を明確にする

バリューチェーンの中で、自社が担うプロセスを明確にするということです。先ほどのスーパー事業を例にすると、いちばん最後の「販売」だけをやっている企業もあれば、プライベートブランド（PB）をつくって「企画」「製造」から自社でやっている企業も最近はあります。競合との差別化や自社の強みを活かすには、どのプロセスを自社で担うべきなのかを決めていくのが2つめのステップです。

③外部パートナーとの連携の仕組みを考える

次は逆に、自分が戦わない場所を決めて、そのプロセスをどんなパートナーにどのように担ってもらうのかを考えます。販売だけに特化すると決めたら、「企画」や「製造」、「流通」などは、どの企業とどう組むか？　外部との提携パターンを考えるというのが3つめのステップです。

④対価を得る仕組みを考える

自社が生み出した付加価値をお客様に提供した結果、どのように対価を得るかの仕組みを考えます。お金を払ってくれるのは誰なのか、何に対して払ってくれるのか、もしくはお金以外のものをどのようにもらうのかなど……。提供する付加価値から対価を得る仕組みを考えるのが4つめのステップです。

この4つのステップについて、詳しく説明していきます。

ビジネスモデルを考える4つのステップ①

バリューチェーンを理解する

先ほども言いましたが、バリューチェーンとは、付加価値を生み出すプロセスを分解したものです。

いくつか例がありますので、見てみましょう。

・出版ビジネス

これは先ほども言いましたので割愛しますが、「企画」「執筆」「編集」「印刷」「流通」「販売」に分解できます。

・食品製造・小売ビジネス

わかりやすいように、たとえばお菓子メーカーのバリューチェーンを考えましょう。こんなお菓子をつくろうという「商品企画」があって、商品のキモとなる、たとえばサクサク感のあ

バリューチェーンの例

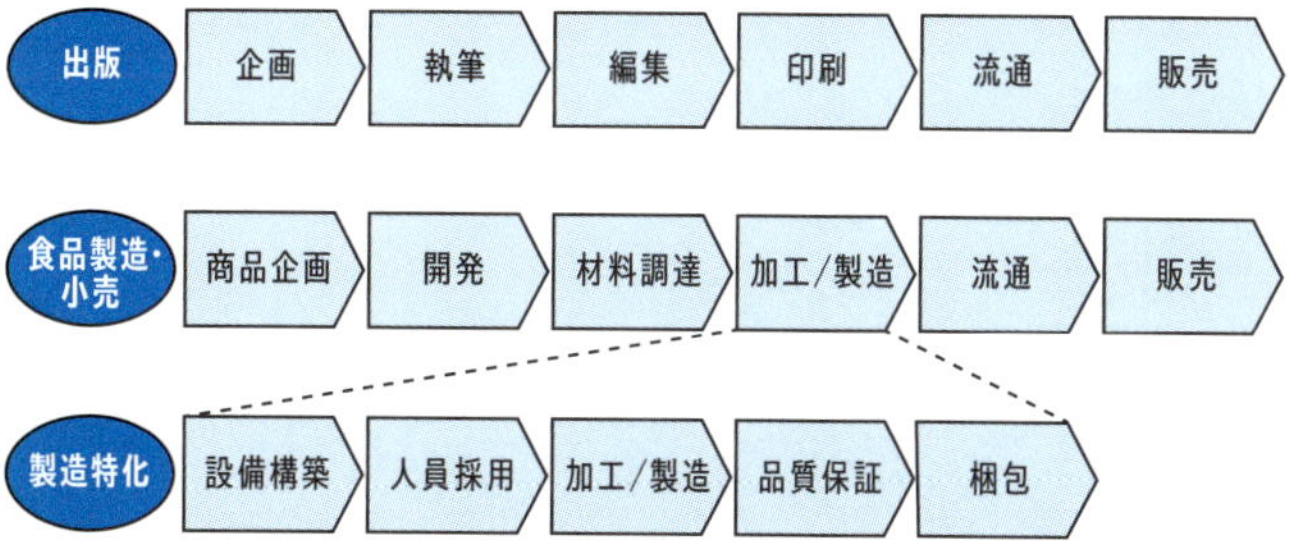
出版
企画
執筆
編集
印刷
流通
販売
食品製造・小売
商品企画
開発
材料調達
加工/製造
流通
販売
製造特化
設備構築
人員採用
加工/製造
品質保証
梱包

バリューチェーンを理解する

る生地をつくる「開発」があります。量産するために材料を「調達」して、工場で「製造」して、小売店に「流通」させて、スーパーやコンビニなどが「販売」する。もしくは自社で販売店を持っている場合は自社で「販売」する。これが、モノやサービスを生み出して消費者に届くまでの流れですね。食品に限らず、家電や消費材など、一般的な製造業界のバリューチェーンです。

もう少し細かく見ていくと、いま分解したプロセスのひとつをさらに分解することができます。たとえば「加工／製造」をするというステップがありますが、このステップもさらに細かいステップに分けられます。最初に工場の設備をつくる「設備構築」、従業員を採用する「人員採用」、実際につくる「加工／製造」、品質テストを行ったりする「品質保証」、流通準備のための「梱包」などのプロセスがあります。

ビジネスモデルを考える4つのステップ②

自社が戦う場所を明確にする

バリューチェーンを理解したら、その中で自社が担うプロセスを明確にしましょう。自社はこの中のどこで戦うのかを考えます。

アパレル業界を事例として見てみましょう。バリューチェーンは、「商品企画」をして、服の「デザイン」をして、衣類の「材料調達」をして、「縫製」して、「流通」させて「販売」になります。さぁ、この中のどこで戦いましょう？

たとえばデザイナーは、「商品企画」と「デザイン」だけに特化しています。デザインをしたあとは、実際に材料を調達して量産するところはほかに任せるというのがアパレルデザイナーのビジネスモデルです。

次にＯＥＭ[2]メーカーを見てみましょう。ＯＥＭメーカーは、製造だけに特化した工場のよう

アパレル業界における戦い方の例

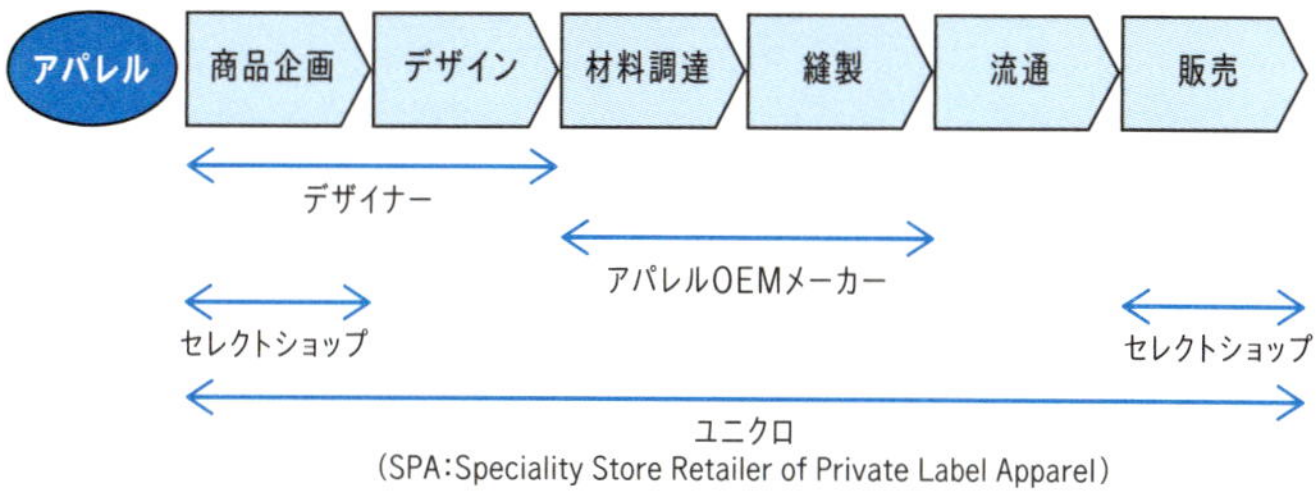
アパレル
商品企画
デザイン
材料調達
縫製
流通
販売
デザイナー
アパレルOEMメーカー
セレクトショップ
セレクトショップ
ユニクロ
(SPA:Speciality Store Retailer of Private Label Apparel)

自社が戦う場所を明確にする

な企業ですから、当然戦う場所は、「材料調達」「縫製」です。「商品企画」「デザイン」はデザイナーが担当し、「流通」「販売」もほかの企業に任せてしまいます。

ビームスなどの有名なセレクトショップは、基本的に「販売」だけを行っています。最近ではプライベートブランドとして「商品企画」をしているところも多いですが、基本的には他社のつくった製品を販売をするというモデルです。

ユニクロは、「商品企画」から「販売」まで自社ですべてやっています。これは、SPA[3]と呼ばれるモデルですね。

2 OEM：Original Equipment Manufacture の略で、日本語では委託生産事業者という。一般的には他社ブランドの製品を製造すること、またその企業を指します。

3 SPA：Speciality Store Retailer of Private Label Apparel の略で、日本語では製造小売という。H&MやZARAなど、ファストファッションの多くがSPAモデルです。

このように、企業によってどのプロセスを担っているか、というのはさまざまです。もし新規事業としてアパレルをやろうと思ったとすると、自分はどの工程をやるのかを考えるのが、ここで必要な視点です。

たとえば、自社に低コストで服をつくれる工場設備があれば、製造に特化したOEMメーカーになろうという判断ができます。製造は絶対にうちの強みが活きる、でもデザイン力は正直ないから、ここは他社と連携しましょうという話ができますよね。

ビジネスモデルを考える4つのステップ③

外部パートナーとの連携の仕組みを考える

自分が戦う場所を決めたら、次は戦わない場所をどんなパートナーに担ってもらうのかを考えましょう。

アパレルの例で続けると、OEMメーカーに特化することに決めた。じゃ、ほかのプロセス「商品企画」とか「流通」「販売」は、誰とどういうふうに組みましょう？　たとえば、「デザイン」～「縫製」までは自社で行うことにする。このあと、「販売」はどうしましょう？　自社は店舗を持っていません。いまからつくるのも大変ですから、ここは誰かとパートナーを組んで任せようと思いますよね。そうすると、特定の大手小売企業と提携するのか？　幅広くいろいろな企業に卸すのか？　などの判断が必要になってきます。

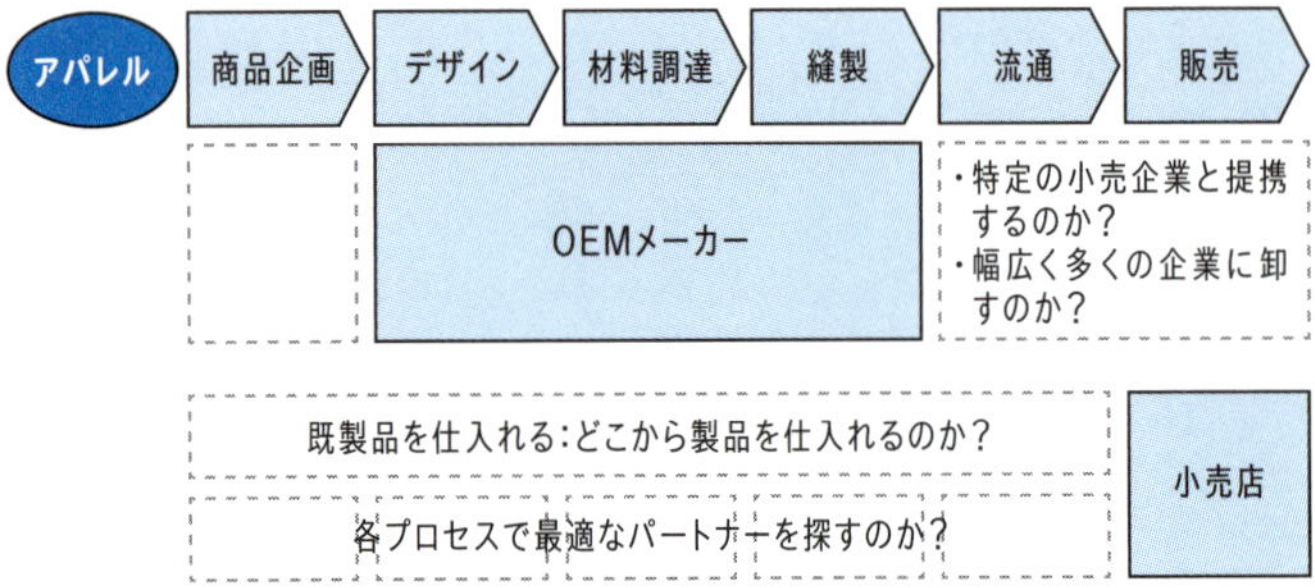
アパレル
商品企画
デザイン
材料調達
縫製
流通
販売
OEMメーカー
・特定の小売企業と提携するのか？
・幅広く多くの企業に卸すのか？
既製品を仕入れる：どこから製品を仕入れるのか？
小売店
各プロセスで最適なパートナーを探すのか？

外部パートナーとの連携の仕組みを考える

特定の大手小売企業と提携した場合を考えてみましょう。たとえばイオンのような小売の超大手とガッチリ組んで、他社には卸さないからということで、ＰＢ商品をつくり、いい条件で取引してもらうという戦略もあり得ます。

でも、それでは、もし大手小売に突然契約を切られたりしたら怖いから、いろいろな企業と、浅く広く取引をしていくという戦略もありますよね。

これは別にどっちが正解というわけじゃないので、自社の強みやミッションに合わせて、ほかの企業との組み方を考えていくことが大事です。

次は、小売のステップに特化した場合を考えてみましょう。これも、いくつか選択肢があります。

たとえばひとつは、企画から流通まで全部一貫してやっていて、小売だけがないメーカー企業と組む。もうひとつは、それぞれのプロセスで最適なパートナーをひとつずつ探す。商品企画とデザインはA社、材料調達はB社、縫製はC社、流通はD社という感じですね。こっちのほうが大変だけれども、自分たちの自由度が利くので、好きな商品をつくれるかもしれないですよね。

ここまでバリューチェーンがつくれると、自分たちがどこで戦って、そのほかのところはどういうふうに組んでいくのかというのが見える。ビジネスの仕組みがだいたい見えてきます。

ビジネスモデルを考える4つのステップ④

対価を得る仕組みを考える

最後のステップです。自社が生み出した付加価値をお客様に提供した結果、どのように対価を得るかの仕組みを考えます。

この対価を得る仕組みを含めて、ビジネスモデルを構築する話って、これはこれで1冊本が書けるくらいの内容ですから、ビジネス書もたくさん出ています。詳しくはそちらを見てください。ここでは簡易的に説明しておきます。

付加価値の対価を得る仕組みを考えるというのは、

①誰に
②どんな付加価値を提供して
③どんな対価を得るか

ということを明確にすることです。

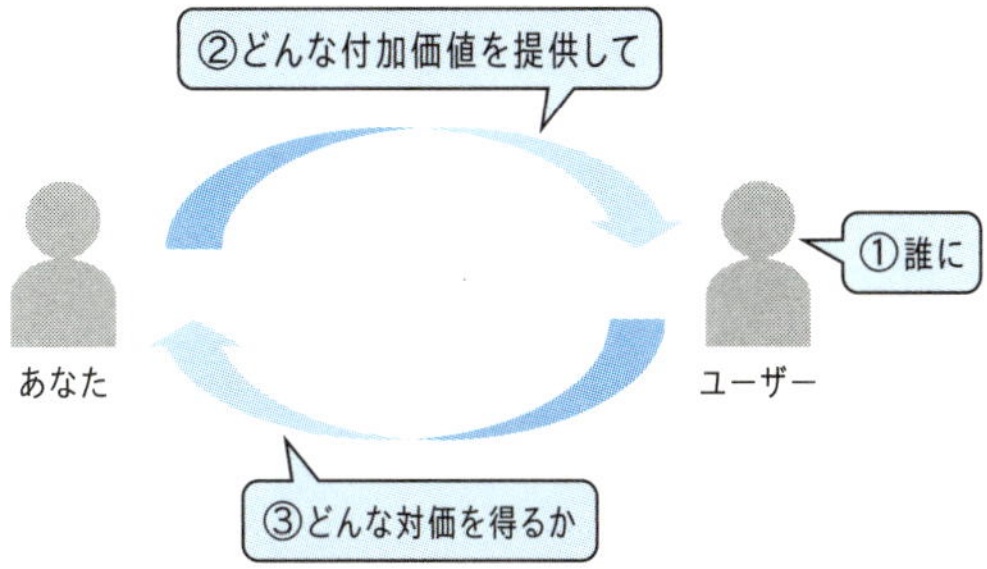

対価を得る仕組みを考える

誰かに付加価値を提供して、その代わりに何かをもらう。わかりやすいのはお金をもらうことですね。誰に何を提供してお金を払ってもらうのか。この仕組みを考えていきましょう。

お金を払ってもらうパターンはいくつかありますのでご紹介します。

事例
8
EXAMPLE

一般的な物販の課金パターン

いちばんわかりやすいのは、物販やサービスです。①誰に↓購入者に、②どんな付加価値を提供して↓モノやサービスの価値（物品そのものや、コンテンツの価値）を提供して、③どんな対価を得るか↓モノやサービスの代金を得る。スーパーで買い物客に食品を売って、その代金を得るということですね。いちばん一般的なパターンです。

事例
9
EXAMPLE

定額課金パターン

これの派生形がいろいろあります。たとえば、モノやサービスの価値に加えて何度でも自由に使える安心感を提供する。その代わりに定額料金という形で代金を得る、こういうパターンもあります。①誰に↓購入者に、②どんな付加価値を提供して↓モノやサービスの価値（物品そのものや、コンテンツの価値）＋何度も使える安心感を提供して、③どんな対価を得るか↓

定額料金を得る。

スポーツジムの会員などのように何回行っても月額料金が決まっている会員制や、月会費を払っておけば具合が悪くなったときに何度でも取り替えてくれるコンタクトレンズなど、定額料金のビジネスモデルもたくさんあります。

事例10 EXAMPLE コピー機モデルの課金パターン

もっと応用編の有名なパターンを紹介しましょう。コピー機です。

オフィスにコピー機を導入したい人にとって、いちばんのネックになるのはコピー機本体の価格です。すごく高いんです。ですから、コピー機の会社は、コピー本体はリースで安く提供して、インクのトナーやコピー用紙などの消耗品で稼いでいるというビジネスモデルなんです。

ですから、コピー機の課金パターンは、①誰に→コピー機利用者に、②どんな付加価値を提供して→コピー機の価値＋初期費用の低さ、を提供して、③どんな対価を得るか→コピー機に使う高価な消耗品の代金を得る、になります。

ビジネスモデルを考えるステップ

	①誰に	②どんな付加価値を提供して	③どんな対価を得るか
物販／サービス	購入者	サービスの価値	サービスの代金
	購入者	サービスの価値 ＋何度も使える安心感	定額料金
	応用例 コピー機利用者	コピー機の価値 ＋初期コストの低さ	コピー機導入は低価格 消耗品での高い価格
紹介業	顧客を探している企業	顧客	マッチングフィー（成功報酬）

対価を得る仕組みを考える——課金のパターン1

コピー機の価値に加えて初期コストが安いという付加価値を提供しているんですね。その代わりに、その後の消耗品はちょっと高くさせてくださいというパターンです。

事例 11 EXAMPLE 紹介業の課金パターン

紹介業というのは、2時間めに出てきた、30代の独身女性に出会いの機会を提供するようなマッチングのビジネスなどですね。

①誰に↓顧客を探している企業に、②どんな付加価値を提供して↓顧客を提供して、③どんな対価を得るか↓マッチングフィー（成功報酬型）を得る、というビジネスモデルになります。

人材紹介会社などもこのパターンですね。企業から採用したい人材を聞いて、マッチしそうな人を紹介する。採用になれば、人材の年収の何％かを成功報酬として払ってもらっていますね。

ビジネスモデルって、たくさんのパターンがありますし、ＩＴ技術の発達やグローバル化によって、いままで考えつかなかったような新しいパターンが日々出てきます。世の中のいろいろな企業を見て、参考にしたり真似したり、いくつかのパターンを組み合わせたりして、自分の場合はどうしようかなというのを考えるだけでも楽しいですよ。

事例 12 EXAMPLE 広告ビジネスの課金パターン

もっとわかりにくい発展形の例は、広告ビジネスです。たとえばＮＨＫ以外のテレビ放送局は、テレビを見てくれる視聴者に番組のコンテンツのおもしろさを提供しますが、無料ですよね。テレビは視聴者からお金を取っていませんよね。でも、実は何かをもらっている。テレビを見ている時間＝視聴時間です。テレビ局は、視聴者の時間を対価としてもらっている。

そして、広告主に視聴者の見ている時間を提供して、その対価として広告料を得ているのが、

	① 誰に	② どんな付加価値を提供して	③ どんな対価を得るか
広告	テレビ視聴者 広告主	コンテンツのおもしろさ ユーザーへのアクセス ←	(無料)広告を見る時間 広告料
データ販売	サービス利用者 データ購入者	サービスの価値 利用データ ←	(無料)サービス利用データ データ料
銀行	預金者(借入元) 企業(貸出先)	お金の管理、利子 お金の貸し出し ←	預金 利息

対価を得る仕組みを考える——課金のパターン2

広告の課金パターンです。テレビ番組は一見無料に見えますが、我々の視聴時間が実はテレビに取られていて、それを広告主に売られているのです。雑誌なども同じパターンです。

事例 13 EXAMPLE

データ販売の課金パターン

最近流行りのビッグデータと言われるような、ユーザーの行動データ販売のビジネスモデルも、一見無料に見えます。たとえばiPhoneのアプリなども、無料のものがいっぱいありますよね。無料コンテンツを提供して、私たちから何を取っているかというと、私たちの利用データだったりします。いつどこでどういうアプリを見ているのかとか、データを取っているアプリもあります。それをまた利用データが欲しい企業に（個人が特定できない形に加工して）販売してデータ料としてお金を得るというビジネスモデルです。

事例
14
EXAMPLE

銀行の課金パターン

一見無料に見えるビジネスモデルの例でいうと、銀行もそうです。私たちが口座に預金をすると、無料どころか、むしろ利子が付いてきますよね。銀行は私たちにお金の管理と利子という付加価値を提供して、その代わりにお金を預けてもらう。これが利用者から得る対価です。銀行はどう儲けているのかというと、私たちから預かった預金を企業に貸し出して、支払う利子よりもっと高い貸出利息を取っています。その差額で儲けているというのが、銀行のビジネスモデルです。

一見無料に見えるモデルも、何かしらの対価を得ていて、それを別の企業に提供してお金を儲けているというのが基本ですね。

ラインは何で儲けている?

ちなみに、ライン（LINE）、いますごく成長していますが、どうやって儲けているか知っていますか？　ラインって無料ですが、何が儲けになっていると思いますか？

――スタンプ。

スタンプもあります。

――ゲーム。

はい、ゲームは最も大きい収入源ですね。

実は、スタンプやゲームに加えて、広告も収入源のひとつです。もう少し正確にいうと、企業アカウント利用料です。企業が宣伝のためにラインのアカウントを取得しようとすると、すごく高い。でも、ラインのユーザーって4億人くらいいますから、企業としてはそこにアクセスしたいわけですよね。金額が高くても。

ラインよりももっと有名な広告収入モデルのSNSがフェイスブックです。こちらはスタンプやゲームがないので、ほとんど広告収入です。ユーザーに無料で使ってもらって数を増やして、企業から広告費を取る。

フェイスブックの場合は、年齢や居住地などのユーザーのデータを持っていますから、広告を出したいターゲットを絞ることができます。東京に住んでいる20代や、〇〇大学を卒業した人というところまで限定して広告を打つことができるというのは、企業にとって非常に魅力的ですよね。

ビジネスモデルを考える2つのコツ

ここまでビジネスモデルのつくり方やいろいろな事例を見てきました。とは言え、いざビジネスモデルを考えようと思うと、けっこう難しいと思います。最後に、ビジネスモデルを考えるときのコツを2つお伝えしておきます。

1　事業の生み出す付加価値をとことん考える

ひとつめのコツは、自分たちの事業が生み出している付加価値は何か、ということをとことん考えることです。繰り返しになりますが、ビジネスの基本は何かをお客様に提供して、その対価をもらうことです。だから、自分たちが何を提供しているのかという付加価値を考えるのがビジネスモデルを考える基本なのです。それは、提供している商品やサービス自体の価値かもしれないし、先ほどの定額モデルの安心感なのかもしれないし、ブランドみたいなものなのかもしれない。

自分たちが自信を持って対価をもらえる価値はこれだ、ということをまず明確にすることが大事です。

2　他社との違いをとことん考える

もうひとつのコツは、その付加価値は他社と何が違うのかをとことん考えることです。同じようなものを提供する他社とどう差別化するのか。

似たようなSNSサービスがたくさんある中で、なぜほかのサービスではなくフェイスブックだけがあんなに流行ったのか？　いろいろと分析されていますが正解はわからないです。最初は赤字でもとにかくたくさんユーザーを増やし、その膨大なユーザーネットワークにアクセスできるという付加価値が受けたのかもしれない。最初から何かお金を取ろうとした会社はそれで失敗したのかもしれません。それが他社との違いになり、差別化できた要因だったのかもしれません。

競合とまったく同じサービス、付加価値だと全然差別化できませんよね。だから、ひとつめのコツの「私たちはこの付加価値でユーザーに選んでもらうんだ」という自分たちの付加価値を明確にすることが、まず大事。その付加価値において「他社とここが違う」ということを明確にすることが、ビジネスモデルを考える基本になります。

付加価値を考えていく中で、たとえば「私たちの付加価値はデザイン力なんだ」と決めて、「デザイン力に関しては他社と差別化できるようにデザイナーさんを抱えている」と考えれば、デザインに特化するようなビジネスモデルがいいかもしれないですね。

もし付加価値を安さに設定すると、他社との差別化の方向も変わってきますし、ビジネスモデルも変わってくるでしょう。だから、自分たちの提供する付加価値を特定することと、他社とどう差別化するかということが、ビジネスモデルを考える上で大事なのです。

実際にビジネスモデルを考える

演習
2
PRACTICE

インターネットスーパー事業のビジネスモデルを考える

ネットスーパーといっても、いろいろなやり方があります。自社でやる場合、どんな形態が最適でしょうか？　安さを追求するネットスーパーとして最適なバリューチェーンを考えてください。

〈参考情報：自社の現状〉
・東京都内の店舗数：150店舗
・店舗別の仕入れを行っている。店舗に自社トラック保有
※制限時間10分

ネットスーパーのバリューチェーン

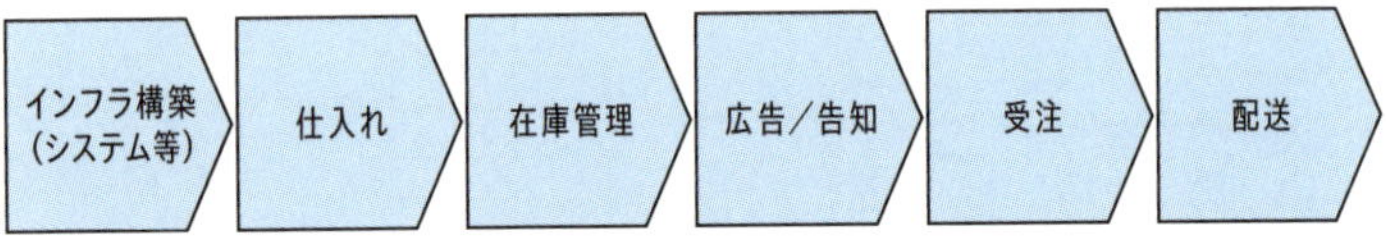

演習②
インターネットスーパー事業のビジネスモデルを考える

はい、では演習をやってみましょう。この演習は問いが広いので、けっこう難しいです。ネットスーパー事業をやるとして、自分だったら、どういうビジネスモデル、どういうバリューチェーンで戦うか、自由に考えてみましょう。

前提として、元々スーパー業をやっている企業で、東京都内に１５０店舗も実店舗があります。店舗別に、仕入れの仕組みもちゃんとあって、店舗別に自社でトラックも持っているような企業だと思ってください。

ネットスーパーのバリューチェーンは上の図を使ってください。このプロセスの中で自社がどこを担当して、担当しないところは、どんなパートナーとどういうふうに組むかを考えてみてください。バリューチェーンの絵を描いてもらうとわかりやすいですね。制限時間は10分。正解はありませんから、自由に考えてください

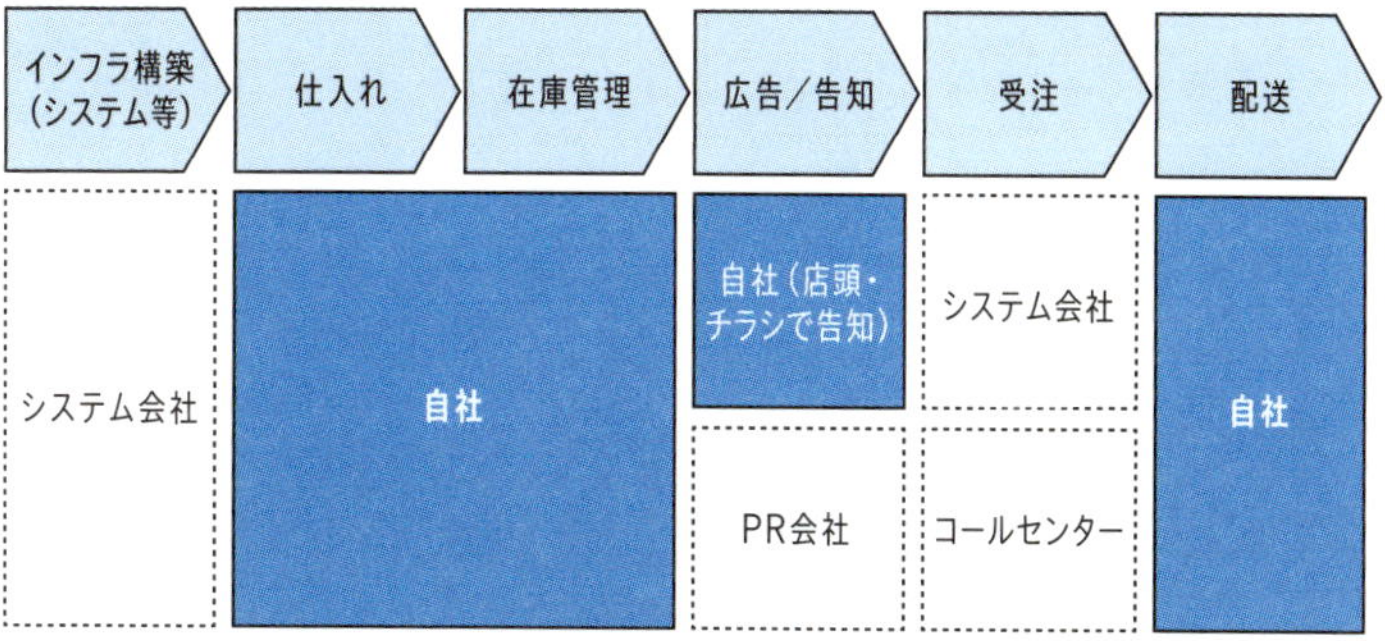
インフラ構築（システム等）
仕入れ
在庫管理
広告／告知
受注
配送
システム会社
自社
自社（店頭・チラシで告知）
PR会社
システム会社
コールセンター
自社

演習2　回答例①

ね。

＊＊＊＊

そこまでにしてください。代表の方、回答を発表してください。

回答例①

——元々店舗を構えているということと、あと自社で配送の仕組み、トラックを持っていて動かせるので、「仕入れ」「在庫管理」「配送」については自社でできるんじゃないかと思いました。「広告／告知」はＰＲ会社と提携しつつ、店舗もたくさんあるのでその店頭でも一定の告知はできると思い、並行してやります。

「システム構築」と「受注」は、システム会社

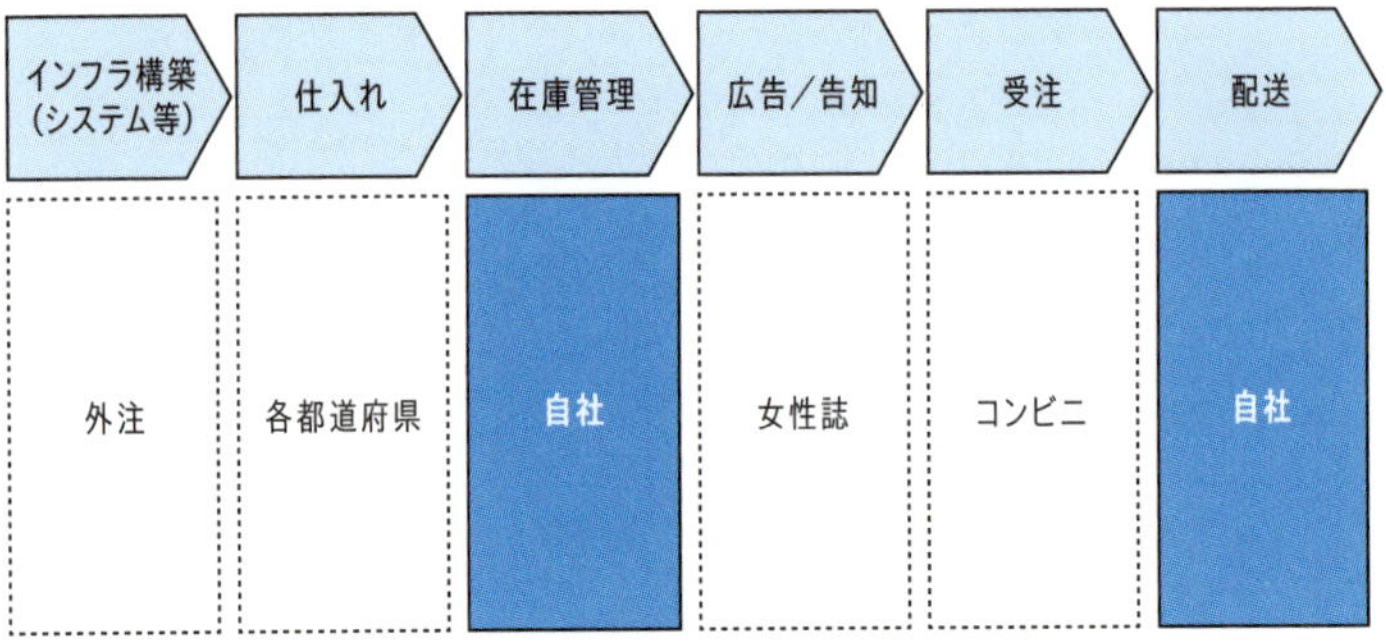
インフラ構築（システム等）
仕入れ
在庫管理
広告／告知
受注
配送
外注
各都道府県
自社
女性誌
コンビニ
自社

演習2　回答例②

に外注します。システムの構築とネット上での受注を担当してもらいます。こうするとつくってもらったシステムで受注できますから。

　おじいちゃんおばあちゃんは、なかなかネットで注文できないと思うので、コールセンターでも受注できるようにして、これは外注してしまいます。

　なるほど。ありがとうございます。

回答例②

——先ほどの方と同じで、「在庫管理」と「配送」は自社でやりますが、完全にひとり暮らしの女性向けのネットスーパーに絞りました。だから、「受注」はコンビニで、「広告／告知」は女性誌。商品は各都道府県の特産物にして、県と契約し

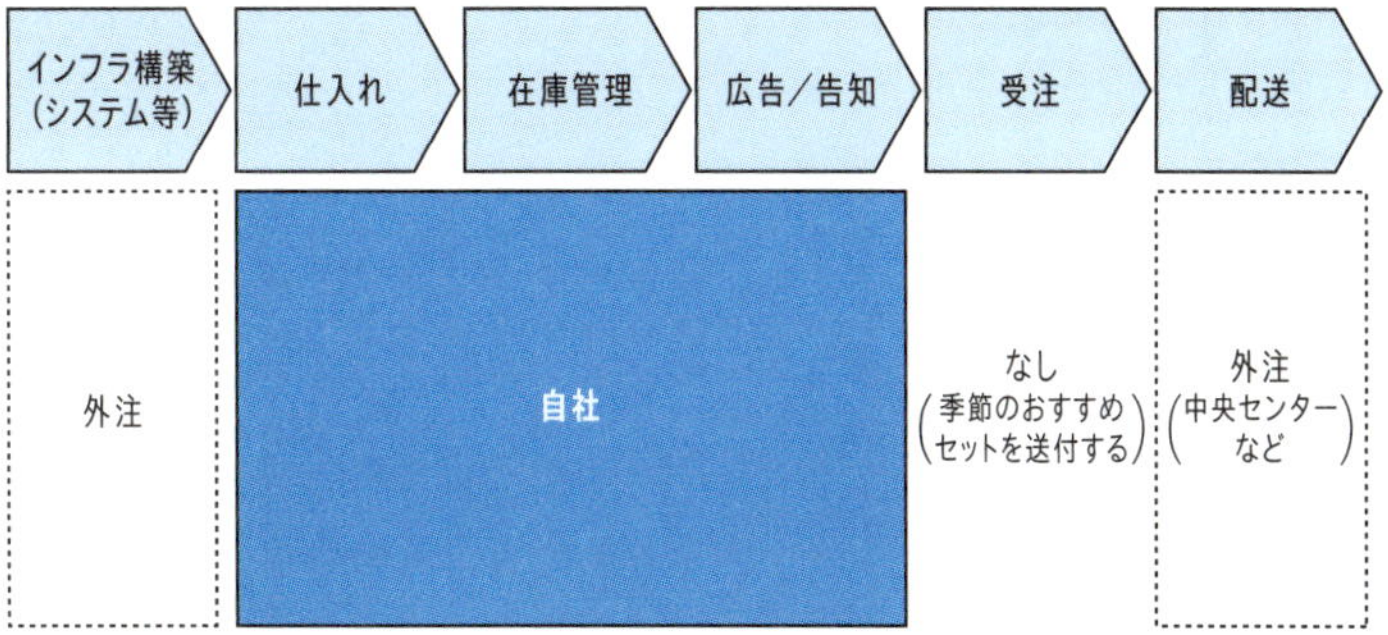
インフラ構築（システム等）
仕入れ
在庫管理
広告／告知
受注
配送
外注
自社
なし（季節のおすすめセットを送付する）
外注（中央センターなど）

演習2　回答例③

て「仕入れ」をします。自社で提携をして、その県の野菜とか牛乳とかだけで構築するという考えです。

　なるほど。コンビニ受注はおもしろいですね。

回答例③

——調べてみたら、スーパーの西友って東京都内に77店舗しかないらしいんですよ。ということは、このスーパーチェーンは西友の2倍くらいのスケールを持った、超巨大メガスーパーチェーンなんですね。

　そこのメリットをいちばん活かせるのって何かなと考えると、やはり価格。大量に仕入れをすることで、ひとつの価格を下げるとか、1個のものをすごく安くするということに特化できるんじゃないかと考えました。なので、そこにいちばん注力します。

そのために、「受注」をなくしました。お客様の「これが欲しい、あれが欲しい」に対応するんじゃなくて、「今日はこれです」というおすすめセットを送るスーパーにしてみました。受注って外注すると相当な金額がかかるじゃないですか。そこをなしにして、「そういうセットを送ります」「はい／いいえ」だけにする。ここだけを全力でやる。「広告／告知」は、店頭でもやります。

配送に関しても、決まった日に決まった物を送るだけにしたら、自社でやる必要はなくて、中央センターみたいなところから外注で送ってもらうようにするのがいちばん利益が高くなるんじゃないかと思いました。

なるほど、おもしろいですね。

ありがとうございます。3名の方の中でも、いろいろと違いが出ておもしろいと思います。正解はありませんから、いろいろ考えてみてください。先ほど「ビジネスモデルを考えるコツ」のところで「提供できる付加価値を考える」というのがありましたが、このスーパーの付加価値を何にするかで、バリューチェーンも変わってきますよね。

付加価値をひとり暮らしの女性向けに絞ると、2番めのようなバリューチェーンになるし、安さを付加価値とすると、3番めの方のようなバリューチェーンも考えつきますよね。

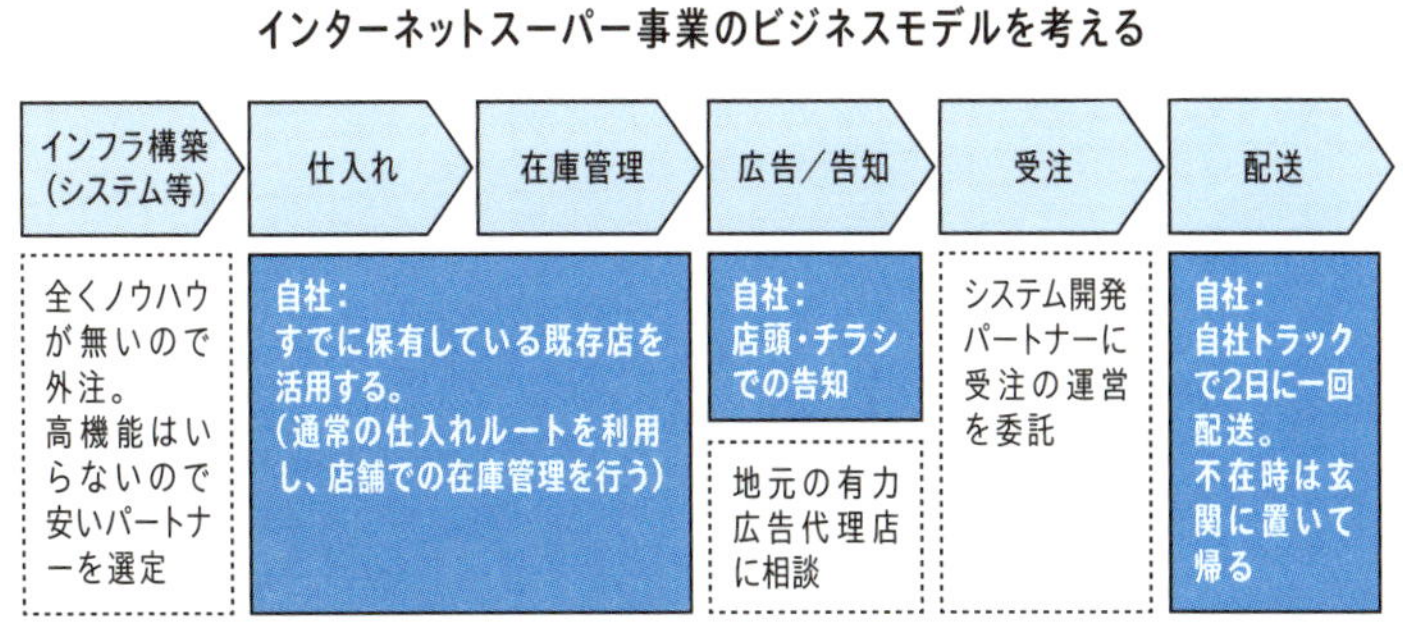
インターネットスーパー事業のビジネスモデルを考える
インフラ構築（システム等）
仕入れ
在庫管理
広告／告知
受注
配送
全くノウハウが無いので外注。高機能はいらないので安いパートナーを選定
自社：すでに保有している既存店を活用する。（通常の仕入れルートを利用し、店舗での在庫管理を行う）
自社：店頭・チラシでの告知
地元の有力広告代理店に相談
システム開発パートナーに受注の運営を委託
自社：自社トラックで2日に一回配送。不在時は玄関に置いて帰る

演習2　回答例④

回答例④

私の回答例は、ひとりめの方に近いですね。図の濃い青の部分が自社で行うプロセスです。「仕入れ」「在庫管理」「広告・告知」「配送」は自社でやります。さっき言ってくれたように、東京都内で150店舗ってものすごい数なんですね。なので、その強みを活かさない手はない。ですから、仕入れだとか在庫管理は、既に自分で持っている既存店を活用すると。通常の仕入れルートを利用して、店舗での在庫管理を行う。

告知とか広告のところは、もちろん店頭のチラシなどを利用する。加えて、もしかしたら代理店とかに頼めるかもしれない。

いちばん最後の配送のところも、自社でトラックを持っているというので、これは活用しましょう。配送の仕組みも、ここまで書くかどうかは別として、安さを追求するのであれば、毎日配送はしなくてよいかもしれません。2日に1回の配送だけで、しかももし配達に行ったときに家にいなければ、そこに置いて帰って、再配送はやりませんというふうに割り切っちゃったりすると、安さを追求できるのかなと考えました。

「インフラ構築」や「受注」のところは、自社にノウハウがまったくないので、強みがない。ここはほかに任せちゃうことにしました。安さを追求するのであれば、機能を追求するんじゃなくて、とにかく安くつくってくれる企業と組むのがいいのかなと思いました。

先ほど発表してくれた回答もおもしろいアイデアでした。コンビニ受注やおすすめセットを送るモデルも全然あり得るので、考え方としてはすごくいいと思います。

3人めの方のおすすめセットを送るというのは、実際オイシックスなどがやっていますね。企業が毎月おすすめの厳選野菜を選んで送る。これはコスト的にもすごくよくて、企業側が選んでいるので、質がよく安いものをちゃんと選べる。コストをすごく抑えることができます。

また、先ほど付加価値として安さを追求する案を言いましたが、別の付加価値もつくろうと思えばつくれます。たとえば、配送がすごく速くて注文したら6時間以内に届くとか……。ということをやりたいなと思ったら、そのインフラを一からつくるのは非常に大変なので、たとえばアマゾンと一緒にやって、アマゾンの物流システムの上に乗っけてもらえれば、物流についてはアマゾンに任せて一切考えなくていいですよね。そういう可能性も考えていくと、いろいろなパターンのバリューチェーンができるかなと思います。

まとめ 3 SUMMARY

ビジネスモデルとは

儲けを生み出すビジネスの仕組み

ビジネスモデルを考える4つのステップ

①バリューチェーンを理解する
②自社が戦う場所を明確にする
③外部パートナーとの連携の仕組みを考える
④対価を得る仕組みを考える

対価を得る仕組みを考える3つのポイント

①誰に
②どんな付加価値を提供して
③どんな対価を得るか
を考える

ビジネスモデルを考える2つのコツ

1 事業の生み出す付加価値をとことん考える
2 他社との違いをとことん考える

4 時間目

STEP③
期待成果を検証する

④経済的リターンを試算する

ビジネスモデルを考えたら、次にしなきゃいけないのが、この事業をやった結果、どのくらいの事業になるか？　どのくらい儲かるのか？　という「期待成果を検証する」ことです。

まず、「経済的リターンを試算する」から始めていきましょう。事業にまつわる経済性って何なのかというところから説明していきたいと思います。

1　見るべき数字

そもそも「経済的リターンを試算する」ためには、何の数字を見るべきなんでしょう？　企業にまつわる数字ってたくさんありますよね。売上なのか、利益なのか、資本金の額なのか？

事業計画で必要な基本的な数字は、売上、原価、販売管理費、営業利益の４つです。これらの項目がどういうもので、何を表しているかなどについては、のちほど詳しく説明します。

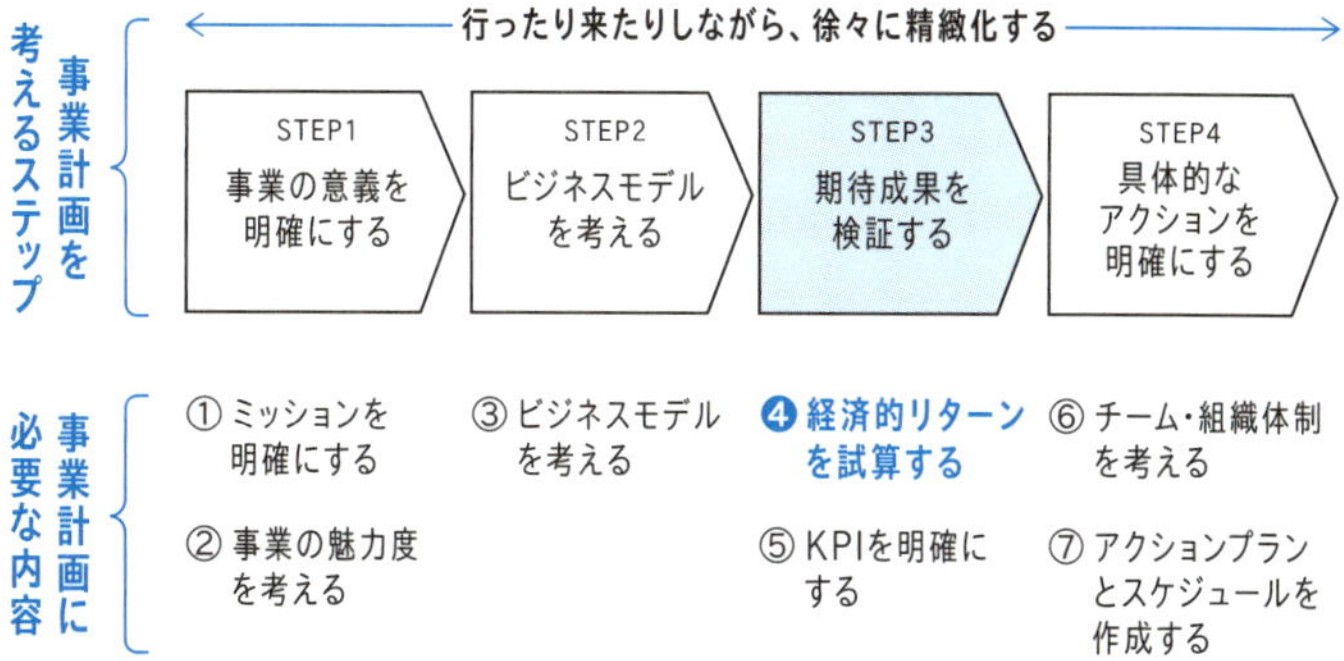

事業計画のつくり方

2　数字のつくり方

じゃあ、その必要な数字の試算をどうやってつくっていけばいいかというと、3つポイントがあります。

・到達地点（目標）を明確にする

最終的に、このくらいの売上まではいけそうです、このくらいの利益が出そうですという到達地点をまず試算しましょう。

・時系列で考える

どのくらいの時間軸で目標地点に到達するかを考えます。

・一時的な数字と、継続的な数字を分けて考える

事業を始めるときや、構造改革に必要な初期投資・一時的コストの数字と、事業がうまく回り始めた後の継続的な数字を分けて考えるということです。

この3つについても、これから順番にお話ししていきます。

事業計画における経済性検証のポイント①

見るべき数字

経済的リターンを試算するために見るべき数字は、売上、原価、販売管理費、営業利益だということを詳しく見ていきましょう。

事業にまつわる財務数字の全体像

まず、事業にまつわる財務数字の全体像をつかみます。財務に関する数字は3つの表で表現されています。これから簡単にその3つを説明します。難しそうですが、大丈夫ですよ。先に言ってしまうと、この中で事業計画に必要なのは、最初のPL（損益計算書）ですから、そのほかに2つあるんだなという感じで聞いてください。

・PL（Profit & Loss Statement）：損益計算書

ある一定期間にどれだけの儲けを出せたのか（フロー）の数字が、PLです。たとえば、この1年間にどれだけ売上を上げて、どれだけ利益が儲かったんですかというのを表す数字です。

売上、原価、売上総利益（粗利益）、販売管理費、営業利益などから構成されています。

・BS（Balance Sheet）：貸借対照表

ある一時点における会社の姿（ストック）が、BSです。PLのような一定の期間じゃなくて、今日、この瞬間に会社にどのくらいの現金が残っているか、どれだけの借入金があるかという一時点の姿を表した数字です。

主に資産、負債、資本の3つで構成されています。

・CF（Cash Flow Statement）：キャッシュフロー・ステートメント

ある一定期間に、現金がどれだけ増減したのか（フロー）の数字が、CFです。PLと同じく、ある一定期間の会社の活動を表す数字ですが、PLが売上や利益という事業の実態を表すのに対して、CFはキャッシュ、現金の動きを表した数字です。たとえば大きな契約が今日取れた場合、PLとしては売上の数字になりますが、その契約金が実際に支払われるまでにはもう少し時間がかかる。月末に請求書を送って、支払いは翌月などが一般的です。現金としてま

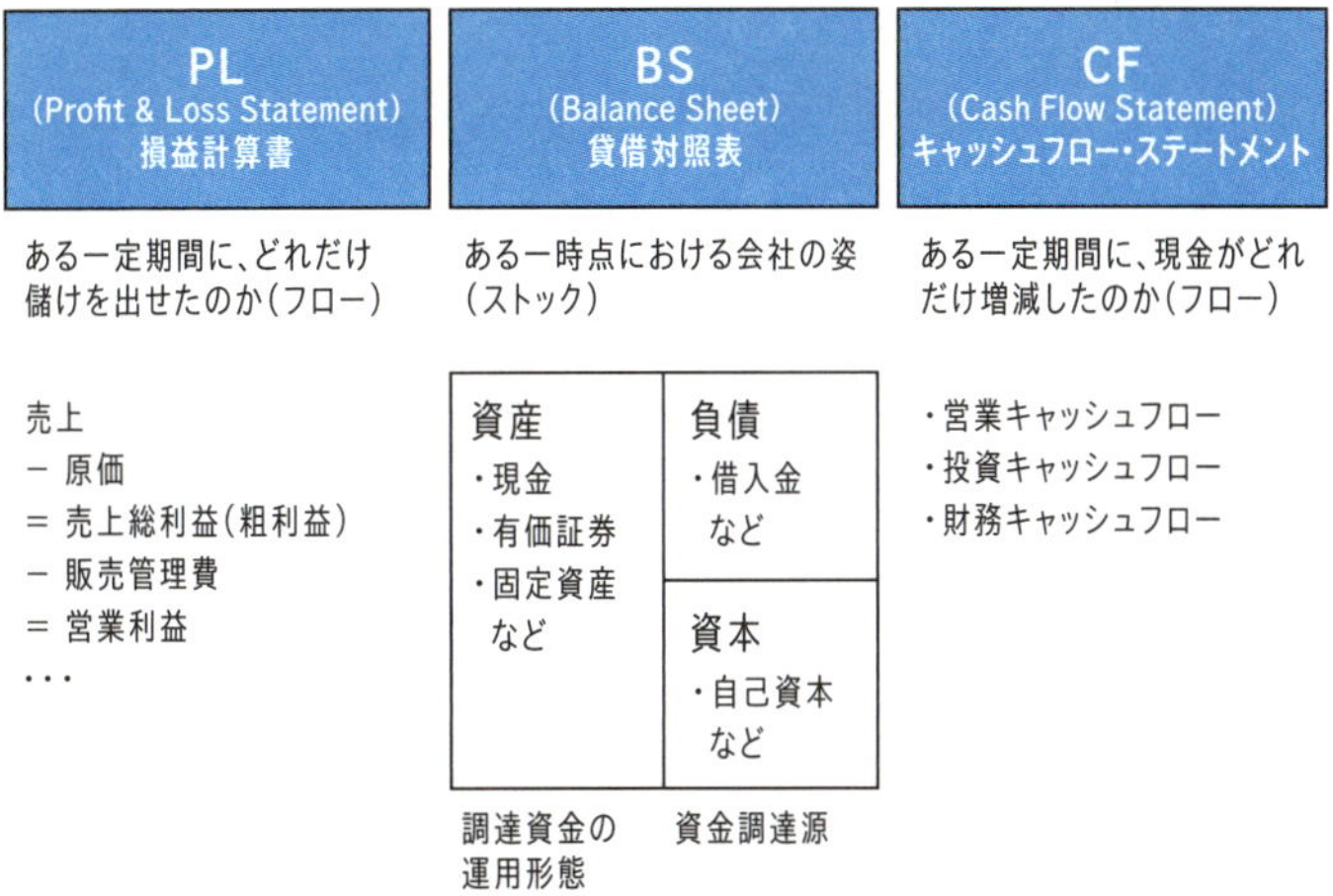
PL
(Profit & Loss Statement)
損益計算書
ある一定期間に、どれだけ儲けを出せたのか（フロー）
売上
－ 原価
＝ 売上総利益（粗利益）
－ 販売管理費
＝ 営業利益
・・・
BS
(Balance Sheet)
貸借対照表
ある一時点における会社の姿（ストック）
資産
・現金
・有価証券
・固定資産
など
負債
・借入金
など
資本
・自己資本
など
調達資金の運用形態
資金調達源
CF
(Cash Flow Statement)
キャッシュフロー・ステートメント
ある一定期間に、現金がどれだけ増減したのか（フロー）
・営業キャッシュフロー
・投資キャッシュフロー
・財務キャッシュフロー

事業にまつわる財務数字の全体像

だ入ってこないときは、CFは変わりません。CFの数字になるのは、支払い後、つまり翌月になります。

おもな分類としては、営業キャッシュフロー、投資キャッシュフロー、財務キャッシュフローがあります。

PL（損益計算書）から事業の実力を見る

会社の数字を表す全体像として、PL、BS、CFを紹介しましたが、先ほど言ったように、事業計画をつくるときは、基本的にはPLの中の売上、原価、販売管理費、営業利益の数字を見ていくのが基本です。これがいちばん事業の実力を表す数字

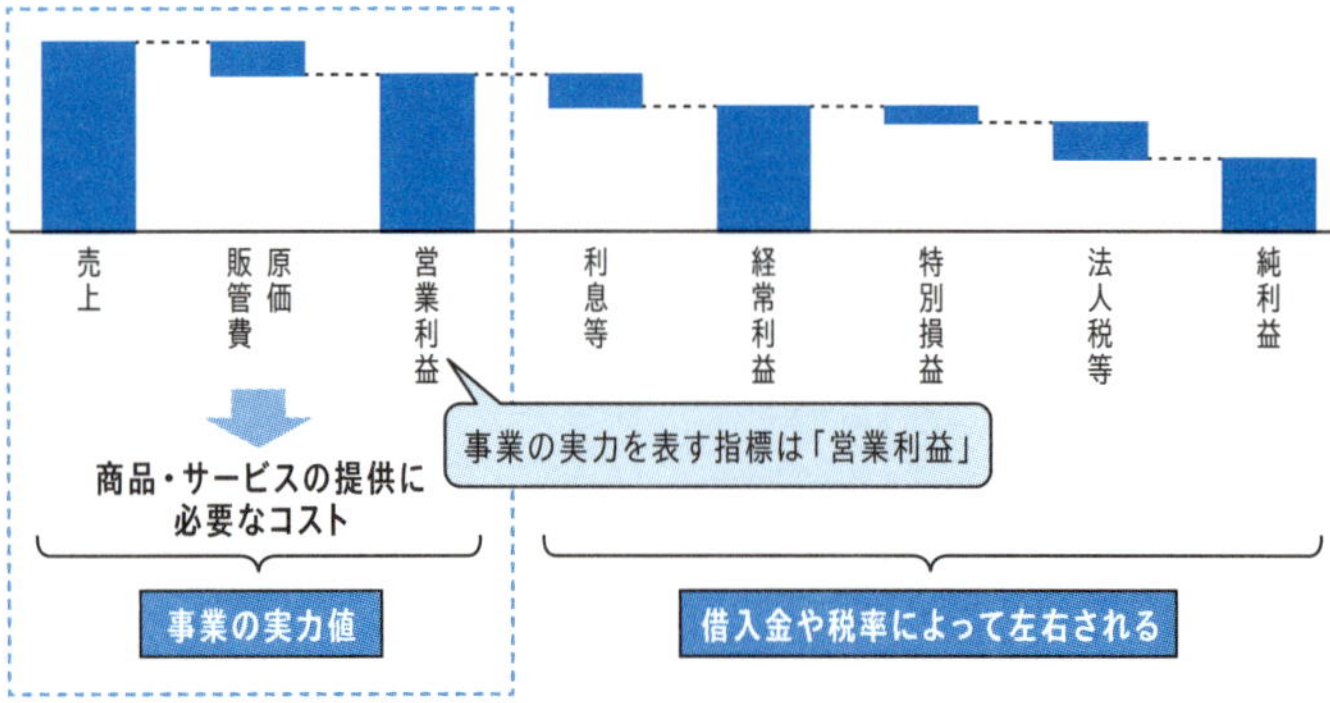
売上
原価
販管費
営業利益
利息等
経常利益
特別損益
法人税等
純利益
事業の実力を表す指標は「営業利益」
商品・サービスの提供に必要なコスト
事業の実力値
借入金や税率によって左右される

PL(損益計算書)の基本

だからです。

ご存知の方も多いと思いますが、少しだけPLの見方の基本をおさらいしましょう。

PLは、上の図のような構成になっています。売上からいろいろな数字を引いたり足したりして、純利益まで計算していきます。

まず「売上」があって、ここから「原価や販売管理費」を引いたものが「営業利益」です。ここから借入金をしている場合は利息などの「営業外損益」を引いて、「経常利益」になります。さらに、ここから今年特別にかかったコストや特別儲かったものなどの「特別損益」を足したり引いたり、「法人税など」を引いて、最後に残るのが「純利益」というのが全体の構造です。

この中で、事業の実力を表す数字は営業利益です。事業としてほんとうに儲かるのか、ということを表す数字です。売上から、原価（仕入れコストなど）や販売管理費（広告費など）を引いたものですね。

なぜ経常利益や純利益まで計算する必要がなくて営業利益まででいいかというと、それらを計算する利息や法人税などは、事業がうまくいっているかどうかとは、あまり関係がないからです。利息の額は銀行からどれくらい借り入れしているかで決まりますし、法人税はどの国で事業をやっているかで変わります。これらの数字は、会社の資本構造をどうするかというような別の話になってきます。事業の実力とは関係ない数字になってくるんですね。

ですから、事業計画をつくるときは、売上～営業利益の数字を見るのが基本、と覚えておいてください。

これもおさらいになると思いますが、売上～営業利益の定義について確認しておきましょう。

・売上

売上はわかりやすいですよね、顧客から得る収入です。製造業や小売業なら顧客への商品の販売額になります。

		製造業	小売業
売上	顧客から得る収入	・顧客への販売額	・顧客への販売額
−			
原価	財やサービスを生み出すために直接必要とした費用	・原材料費 ・製造機械のコスト ・生産ラインの人件費	・仕入れコスト
−			
販売管理費	売上の獲得、また会社の管理のために必要な費用	・広告費 ・営業マンの人件費 ・研究開発費 ・人事・経理の費用	・店舗の人件費 ・店舗の賃料 ・人事・経理の費用
＝			
営業利益			

売上〜営業利益の考え方

・原価

顧客に提供する財やサービスを生み出すために直接必要とした費用です。製造業なら原材料費や製造機械のコスト、生産ラインの人件費など。小売業ならメーカーなどから仕入れた仕入れコストです。

・販売管理費

売上の獲得や会社の管理のために必要な費用です。つくった商品を売るためのものや、会社を回すために必要な間接費のようなものです。具体的には、宣伝・広告費、研究開発費、人事・経理の費用、事務所や店舗の賃料などです。

事業計画における経済性検証のポイント②

数字のつくり方

では、事業計画に必要な売上や営業利益という数字をどのようにつくっていけばいいいか、というポイントについて、事例を見ながら詳しくご説明しましょう。

・到達地点（目標）を明確にする

ひとつめのポイントは、事業がうまくいった場合のポテンシャルや目標を試算することです。

たとえば「事業A」と「事業B」を事例として見ていきましょう。まず、目標の数字を試算します。5年後の2019年に事業Aは売上が100億円で、営業利益が30億円出そうな事業だとします。一方事業Bの2019年の売上は130億円くらいで、利益も50億円になりそうです。ですから、最終的には事業Bのほうがなんとなく大きい事業になりそうだなというポテンシャルをまず試算します。試算の方法については、後ほど説明します。

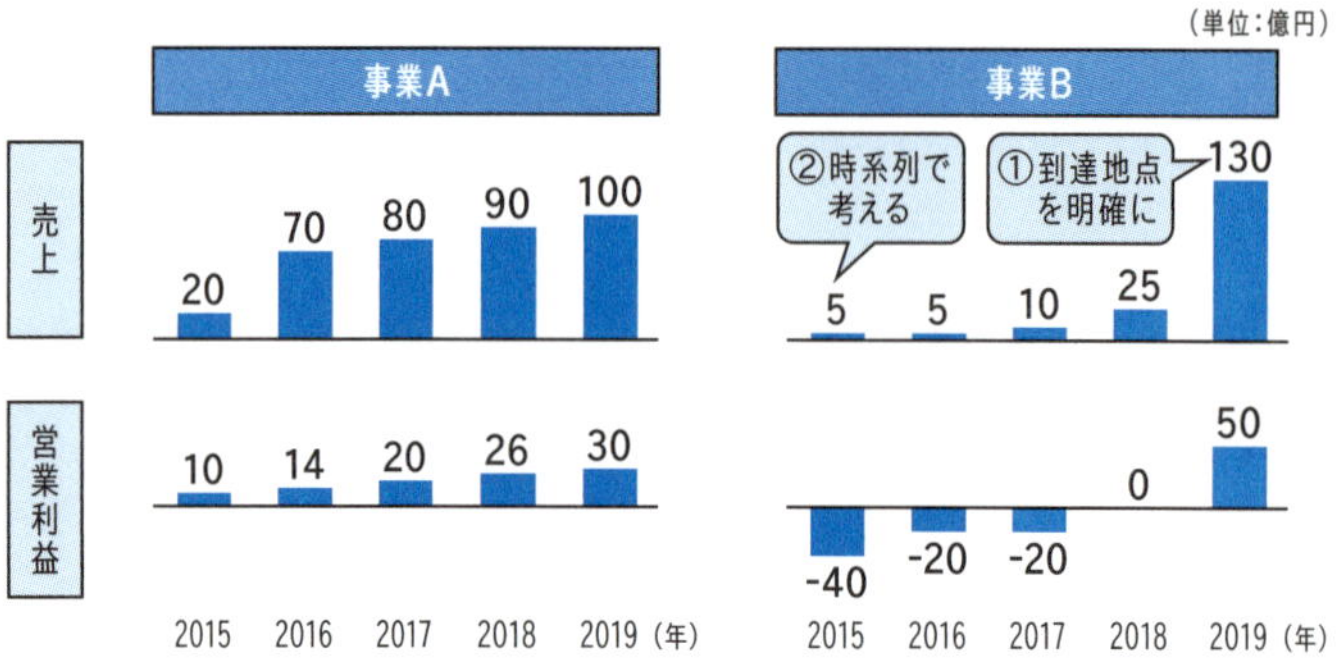
（単位：億円）
事業A
事業B
売上
営業利益
20
70
80
90
100
10
14
20
26
30
②時系列で考える
①到達地点を明確に
5
5
10
25
130
-40
-20
-20
0
50
2015
2016
2017
2018
2019（年）
2015
2016
2017
2018
2019（年）

到達地点を明確にする／時系列で考える

・時系列で考える

ふたつめのポイントは、目標の数字に至るまでのプロセスを時系列で考えることです。最終地点だけ見ると、事業Aより事業Bのほうが儲かりそうですが、もしかすると時系列で見ていくと、図のように、事業Bは利益が出るまで時間がかかるかもしれないですよね。事業Aは、2年後くらいには順調に売上が伸びて、利益も最初から黒字が出るかもしれない。事業Bは、最初すごく我慢の時期が必要で、最後に一気に伸びるような事業かもしれない。

時系列で見ると、こういう情報が加わるので、事業Aと事業Bどちらが魅力的な事業か、という判断も変わってきます。事業Bだと、最初の3年間は赤字がすごいので、これほんとうに我慢できるだろうか、資金的な体力はあるんだろうか、と

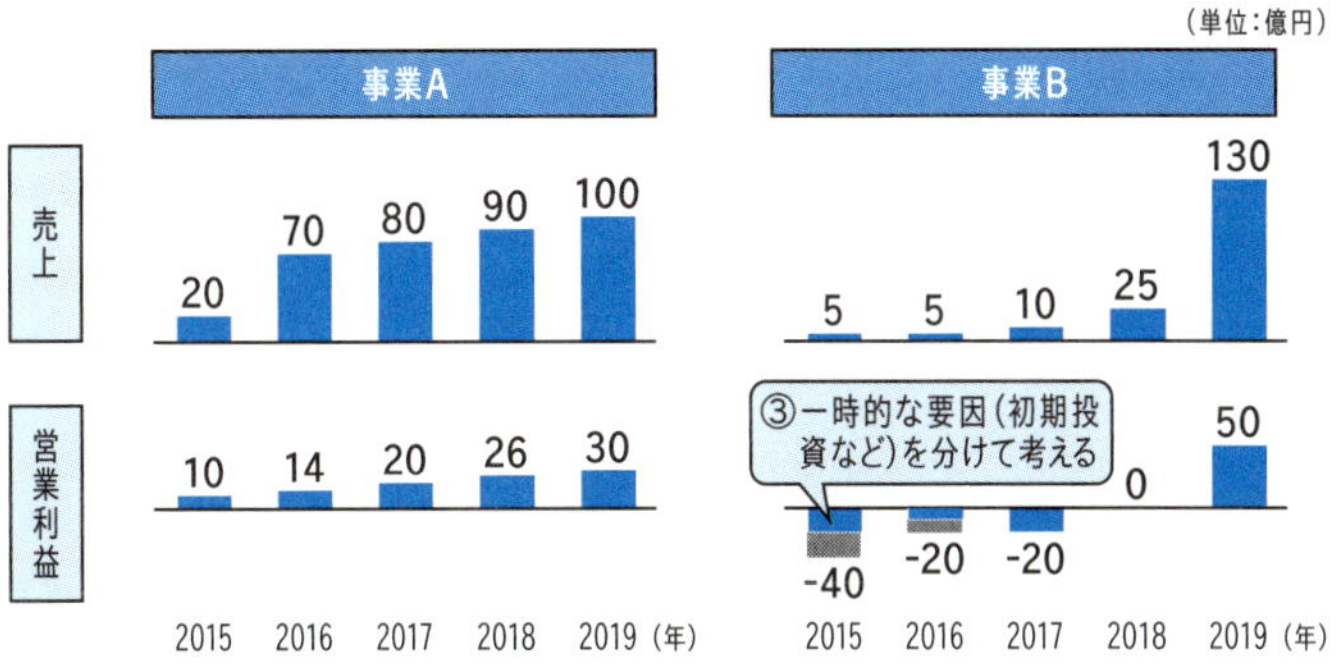
（単位：億円）
事業A
事業B
売上
営業利益
20
70
80
90
100
5
5
10
25
130
10
14
20
26
30
③一時的な要因（初期投資など）を分けて考える
-40
-20
-20
0
50
2015
2016
2017
2018
2019（年）
2015
2016
2017
2018
2019（年）

一時的な要因を分けて考える

いう議論もできます。

・**一時的な数字と、継続的な数字を分けて考える**

最後のポイントは、事業を始めるときの初期投資の数字と、事業がうまく回り始めた後の継続的な数字を分けて考えることです。

上の図のようにグレーの部分を初期投資として区別すると、事業Bは赤字が、40億円、20億円、20億円と3年間続くのですが、このうちの一部は、実は初期投資で、事業の実力値で考えると、実はそんなに赤字幅は大きくないんだなということが見えてきます。そうすると、投資は大きいけれど事業の実力は高いというふうに事業Bの評価も変わってきますよね。

⑤KPIを明確にする

では、「期待成果を検証する」のもうひとつのステップに入っていきましょう。

先ほど、売上のポテンシャルを試算しましたが、この試算のためには、売上につながる要素を検証していくことが必要です。売上予想や利益予想が、ただの願望や楽観的希望に終わらないために、もう少しブレイクダウンして考えましょう。

説得力のある予想をするためにはどうすればいいのか、予想した後に管理するためにはどうすればいいのか、というのが、この「ＫＰＩを明確にする」というステップになってきます。

タイトルにも出ていますが、ここで重要になってくるのがＫＰＩ（Key Performance Indicators）という指標です。日本語に無理矢理訳すと、「重要業績評価指標」というらしいですが、日本語の表現はあまり聞いたことがないですね。

ＫＰＩは、売上や利益などの「目標の達成具合を評価するために、特に重要な補助指標」と定義されています。

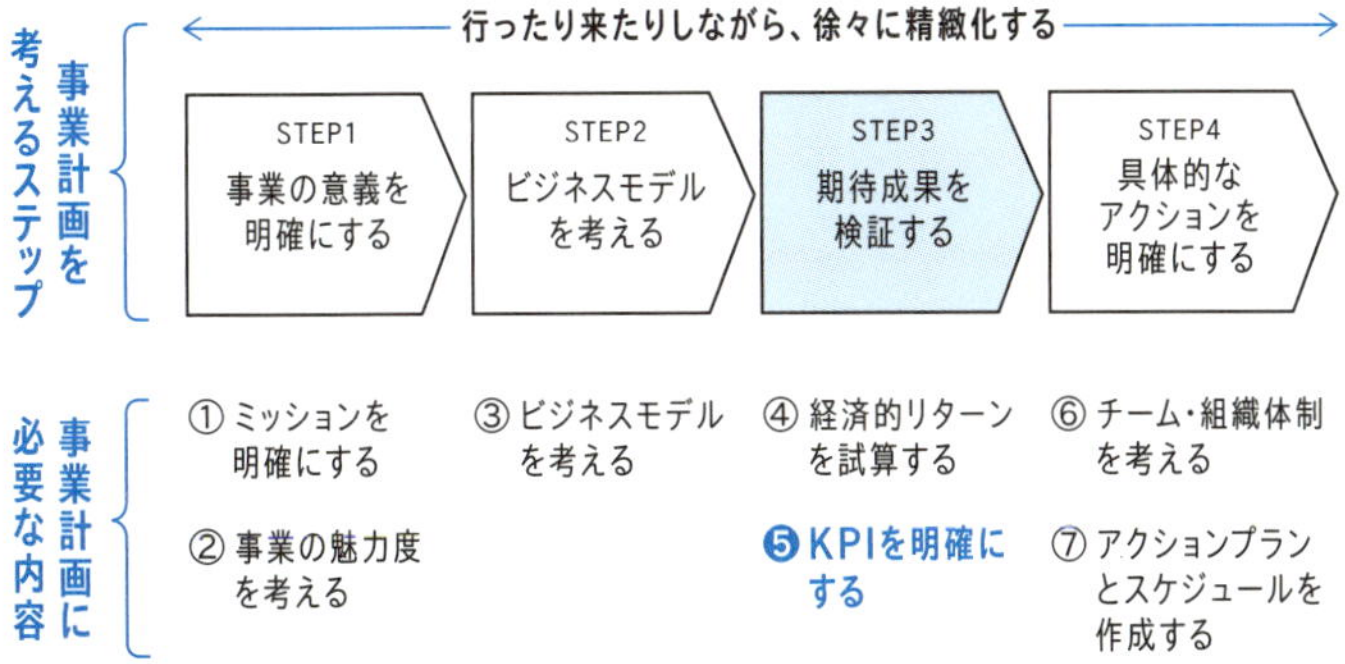
事業計画を考えるステップ
行ったり来たりしながら、徐々に精緻化する
STEP1
事業の意義を明確にする
STEP2
ビジネスモデルを考える
STEP3
期待成果を検証する
STEP4
具体的なアクションを明確にする
事業計画に必要な内容
① ミッションを明確にする
② 事業の魅力度を考える
③ ビジネスモデルを考える
④ 経済的リターンを試算する
⑤ KPIを明確にする
⑥ チーム・組織体制を考える
⑦ アクションプランとスケジュールを作成する

事業計画のつくり方

たとえば出版社が書籍の売上の目標を設定した場合、いきなり全体の売上を見ることって少ないのではないでしょうか。まずは書店に何冊納品できたのかという納品数や、ウェブ書店のアマゾンでの順位を見たりすると思います。事業によっていろいろな管理指標がありますが、その中でも大事な指標として設定したものがKPIなのです。

KPIのつくり方　2つのコツ

A　目標を要素分解する

KPIのつくり方のひとつめは、目標を分解すること。測定可能な要素に分解します。

B　特に重要な要素（KPI）を見極める

2つめは、分解した中で、特に追っていくべき重要な指標はどれなのかを決めていくことです。重要な要素を見極めるコツは、2つあります。

・目標の達成について影響の大きい要素を選ぶ
・アクションに結びつけやすい要素を選ぶ

では、KPIのつくり方について、次から詳しく見ていきましょう。

KPIのつくり方A

目標を要素分解する

では、KPIを設定するために、まずは目標を分解してみましょう。

ここで、なぜ分解が必要なのかということについて述べておくと、売上目標を決めても、予想通りに売上が伸びるのか、ほんとうのところはわからないですよね。予想ですから。それを分解して具体的にすることによって、目標の達成指標を測定しやすく、アクションに結びつけやすくすることができるのです。

たとえば、次のページのような図で考えてみましょう。

目標の売上があったとして、「売上」という数字だけを見ていても、それがどのくらい伸びそうなのか、わからないですよね。

そこで、「売上」を「地域A」「地域B」「地域C」の売上に分けて、「地域A」の売上を、「客数」と「客単価」に分解します。こうすると、たとえば地域Aの「客数」を見てみると、この

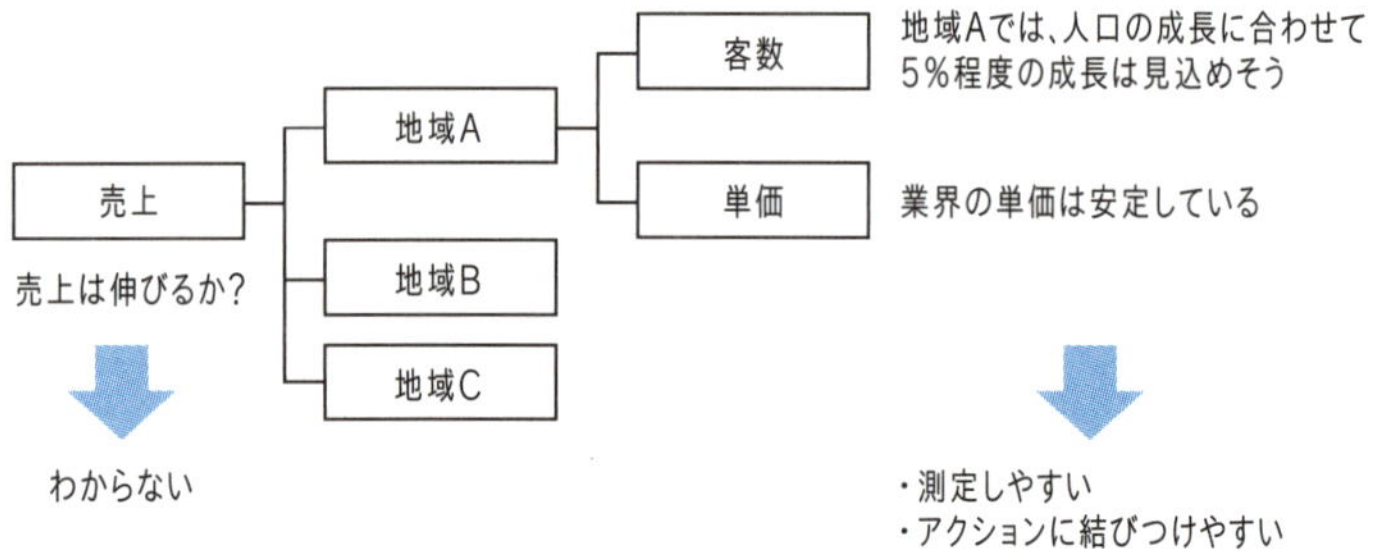
売上
売上は伸びるか？
わからない
地域A
地域B
地域C
客数
単価
地域Aでは、人口の成長に合わせて
5％程度の成長は見込めそう
業界の単価は安定している
・測定しやすい
・アクションに結びつけやすい

目標を要素分解する

地域は人口の伸び率が5％くらいなので、自社のお客さんの数もそれに合わせて5％くらいの成長は見込めそう、ということがなんとなく想像できます。地域Aの「単価」を見ると、業界の単価が安定しているから、急激に下がったりすることはないだろう、ということも予想できます。

このように、分解して具体的にしていくと、測定しやすいし、アクションにも結びつけやすくなります。

一般的な分解のパターン：売上

先ほど、「客数」×「客単価」で分解しましたが、売上の数字を分解するときのパターンはだいたい決まっていますので、基本として3つ覚えておくと便利です。

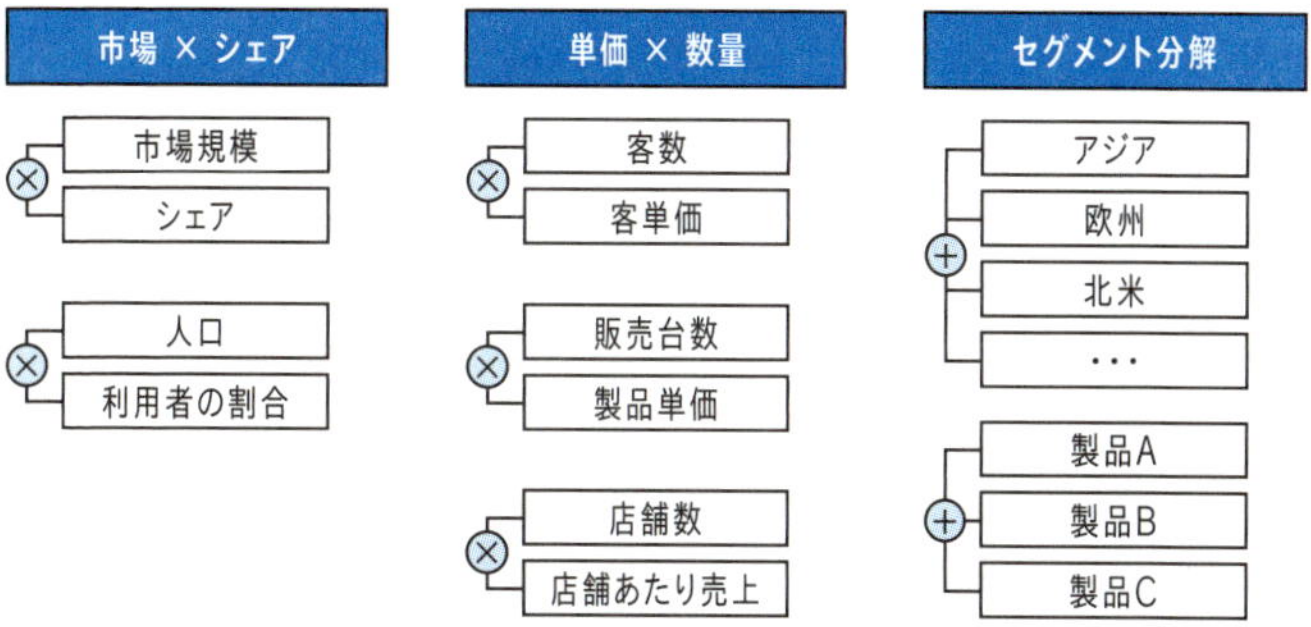
市場 × シェア
市場規模
シェア
人口
利用者の割合
単価 × 数量
客数
客単価
販売台数
製品単価
店舗数
店舗あたり売上
セグメント分解
アジア
欧州
北米
…
製品A
製品B
製品C

一般的な分解のパターン：売上

・市場×シェア

市場の顧客は何人くらいで、その中で使ってくれそうな人、という分解です。もしくは、市場がX億円で、企業が3社あるので、シェアはY％ずつ、のように全体×シェアというパターン。

・単価×数量

先ほどの客数×客単価ですね。車の販売なら単価×販売台数、店舗運営なら店舗あたり売上×店舗数になりますね。

・セグメント分解

これは、たとえば地域や商品で分解してみるようなパターンです。世界の市場や世界の売上を見るときに、アジアとヨーロッパと北米などと地域で分けて、足し算の合計が全体の売上になるようにします。ほかに、製品A、B、Cの売上に分ける商品による分解などがあります。最初の2つのパターンはかけ算の分解ですが、このセグメント分解は足し算の分解になっています。

この3つのパターンを覚えていると、基本的な要素分解はできるでしょう。

KPIのつくり方B

特に重要な要素（KPI）を見極める

売上の数字を要素分解できたら、その中で特に重要な要素を見極めて選びます。では、重要な要素をどう選べばいいのか、見ていきましょう。

・影響の大きい要素を選ぶ

ひとつめのポイントは、その指標がどれだけ売上等の最終目標に影響があるのか、という視点です。最終目標に関係のない要素を見てもしょうがないですから。

影響の大きさを見るためには、その要素の「想定されるブレ」とそのブレによる「売上への影響」を見るのがよいでしょう。そのブレが与える売上への影響が大きい要素が、ここでいう「特に重要な要素（ＫＰＩ）」になります。

事例を使って考えていきましょう。

売上目標は11億円、それを「製品A」「製品B」「製品C」に分解します。さらに、それぞれ「客数」と「客単価」に分解して、それぞれ数字を割り振りました。ここまでは、先ほどお話しした要素分解の話ですね。

これから、それぞれその要素の数字がどのくらいブレる可能性があるか、そしてそのブレが売上に与える影響について考えていきます。たとえば、製品Aの「客数」は、1000社と予想されていますが、ほんとうは何人来てくれるかわからないので、プラスマイナス20％くらいはブレるかもしれない、と想定します。そうすると、この客数のブレの売上への影響がすごく大きい。製品Aは圧倒的な主力商品で、全体に占める割合が大きいからですね。次に製品Aの「単価」を次に見ると、値上げする予定はないので、交渉で少し下げられてしまうかもしれないけれど、そんなに変わらないだろうと予想し、ブレはマイナス5％にしました。そうすると、これはそれほど売上に影響しないことがわかります。

製品BとCも見ていくと、それぞれの「客数」「客単価」も、製品Aと同じくブレが予想されますが、そもそも製品Aに比べて全体に占める割合がそんなに大きくないので、売上への影響が小さい。

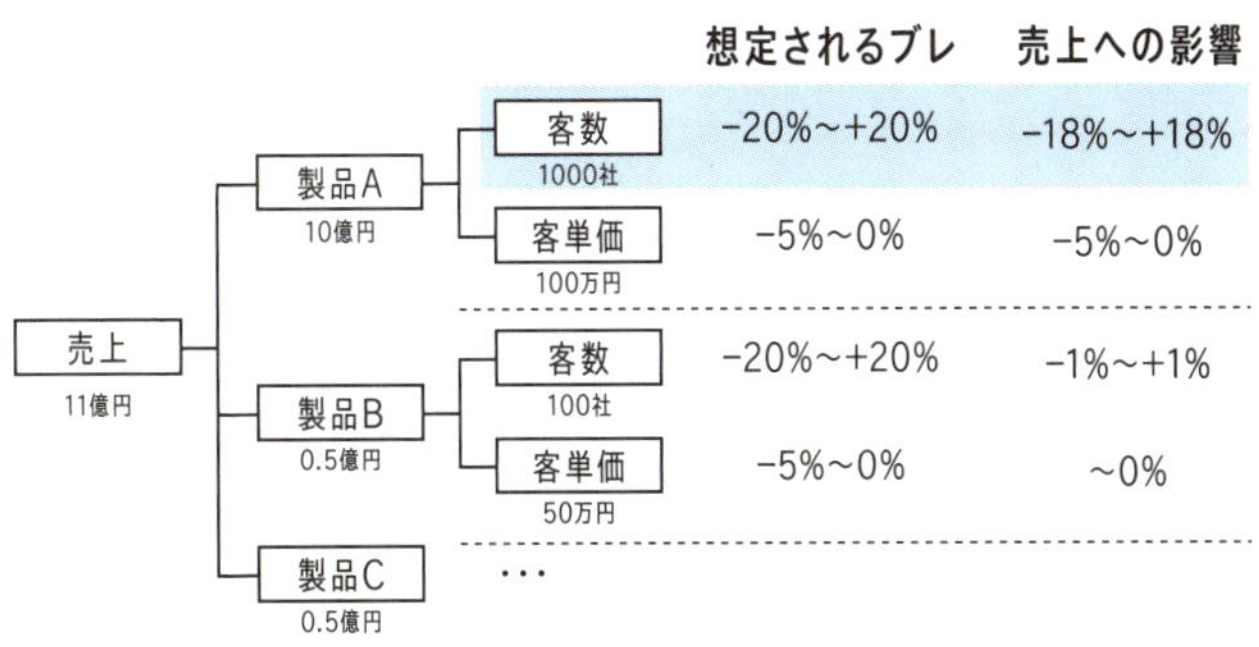
想定されるブレ
売上への影響
売上
11億円
製品A
10億円
客数
1000社
-20%~+20%
-18%~+18%
客単価
100万円
-5%~0%
-5%~0%
製品B
0.5億円
客数
100社
-20%~+20%
-1%~+1%
客単価
50万円
-5%~0%
~0%
製品C
0.5億円
…

特に重要な要素(KPI)を見極める
影響の大きい要素を選ぶ

というふうに、この中でブレが大きい数字はどれか、売上に影響が大きい数字はどれかというのを見ていくと、ＫＰＩが見えてきます。この例でいうと製品Ａの客数がＫＰＩとして選定されて、この客数を毎日追っていきましょうということですね。

このＫＰＩの数字は、日々でも月々でもつねに追っておくことが大事です。年度末に決算をしてみて初めて分析を始めたのでは、もう対策をするには遅い。売上が10億円いくと思ったのに1年やってみたら1億円だった、では遅いですよね。1年経ってしまう前に、1か月なり3か月なり、半年なりにＫＰＩの数字を検証してください。ＫＰＩが利用率なら利用率が上がっていくのかどうか、単価だったら自分が狙った単価で買われているのか、そういうところを見ていってください。

・アクションに結びつけやすい要素に落とす

実はKPIは、「結果KPI」と「アクションKPI」に分けることができます。

「結果KPI」は、活動の結果としての指標のこと。先ほどの客数や単価はこれにあたります。重要な指標なんだけど、自由にコントロールできないので「結果指標」と呼びます。たとえば先ほどの製品Aの「客数」はKPIですが、実際にお客さんがどれだけついてきてくれるのかって、わからないですよね。

一方、「アクションKPI」は、結果に結びつくための活動指標になるものです。アクションにまで落としているから、コントロールできるKPIになります。

たとえば「客数」を「アクションKPI」に落とし込むには、「営業件数」と「獲得率」にさらに分解します。また、「営業件数」は、「営業人数」と「1人あたり訪問件数」に分解できます。そうすると、営業件数やその要素である、人数・1人あたり訪問件数はコントロールできますよね。目標訪問件数を決めて、営業スタッフで割り振って、場合によってはスタッフを増やしたりしてがんばることができます。その結果何件獲得できるか、「獲得率」をコントロールするのは難しいですが、少なくとも営業に何件行くかはコントロールできます。

ちょっと余談になりますが、製薬会社の営業であるMR(Medical Representative)のKPIのひとつは、営業訪問数なんです。医院や病院はものすごく数があるので、1日何件回って

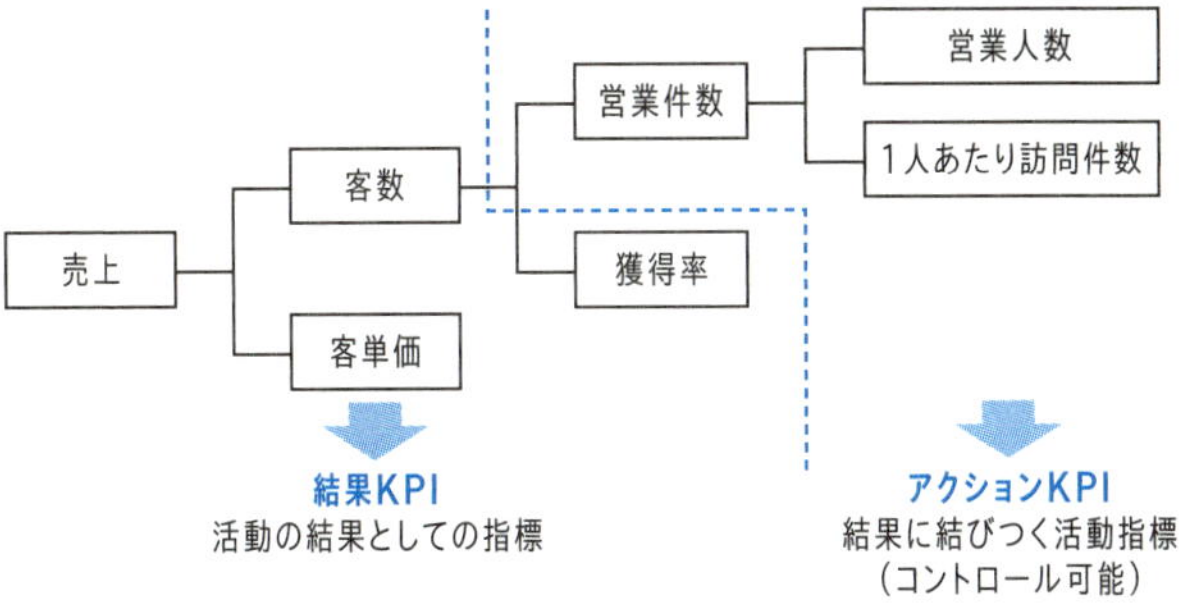

特に重要な要素(KPI)を見極める
アクションに結びつけやすい要素に落とす

いるかを、ずっと製薬会社の本社の人は見ているそうです。

それは、過去の実績や分析から、訪問件数を多くすれば売上も達成できるということがわかっているからです。ですから、MRは売上目標がないそうです。ひたすら訪問件数（「コール」と呼びます）を追う。もう少し正確に言うと、訪問件数に加えて「ディテール」という指標を管理するそうです。ディテールとは、営業先で販売したい薬の説明をどれだけしたかということです。いわゆるセールストークですね。だから、「コール」と「ディテール」がMRのKPIなのです。

このようなKPIが設定されている理由は、「客数×単価」だと、「単価」はMR自身がコントロールできない要素だからです。小児科担当の人は小児科用の商品を売るし、内科担当の人は内科の商品を売る。癌関連の薬品専門の営業マンだと単価がすごく高いし、一方で小児科は単価が安い。単価が大きく違ってしまうので、売上換算すると営業成績を比較しにくいんです。だから、ひとつ手前の訪問回数（コール）とセールストーク（ディテール）に関して、MRは毎日日誌をつけて、それを毎日営業のトップがチェックするというのが、MRのKPI管理の仕方なのです。

演習3 PRACTICE

KPIを考える

先ほど自分たちが考えたネットスーパー事業は、ほんとうに儲かるのでしょうか？
売上を管理するために、売上を要素分解し、KPIを設定してください。
※制限時間：10分

先ほど演習2で考えたインターネットスーパーの売上を見るためのKPIを考えてみましょう。ネットスーパーの売上を要素分解して、その中で特に大事な要素を決めてください。

＊＊＊＊

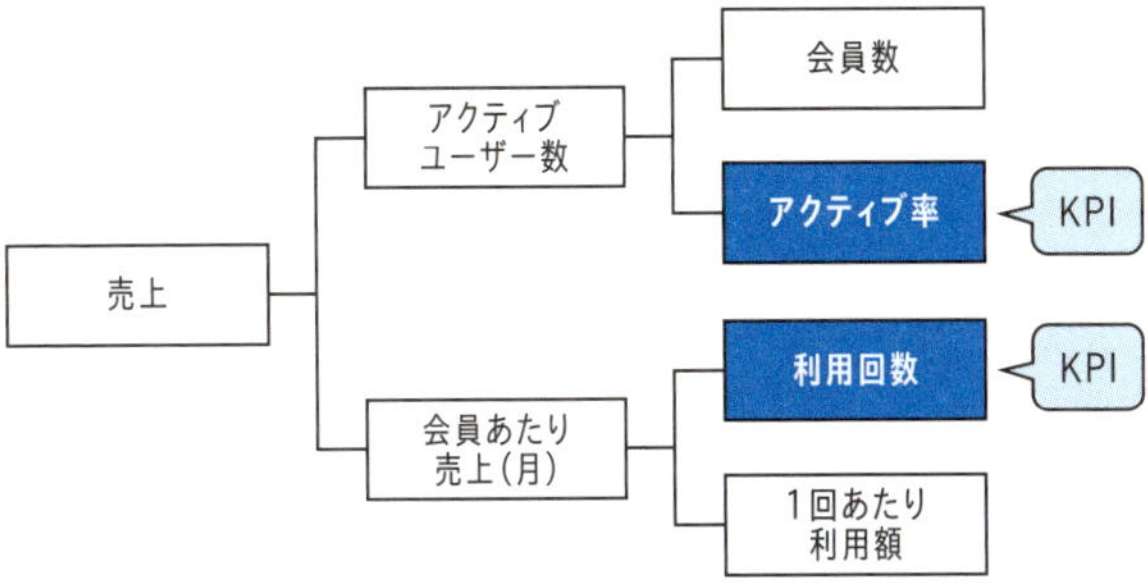
売上
アクティブ
ユーザー数
会員あたり
売上(月)
会員数
アクティブ率
利用回数
1回あたり
利用額
KPI
KPI

演習3　回答例①

じゃ、代表の方発表してください。

回答例①

――売上をアクティブユーザー数と1か月の金額の掛け算に分解しました。それぞれをさらに分解して、KPIはアクティブ率と月あたりの利用回数にしました。そのほかの要素は、あまり変わらなさそうなので。

なるほど。ありがとうございます。

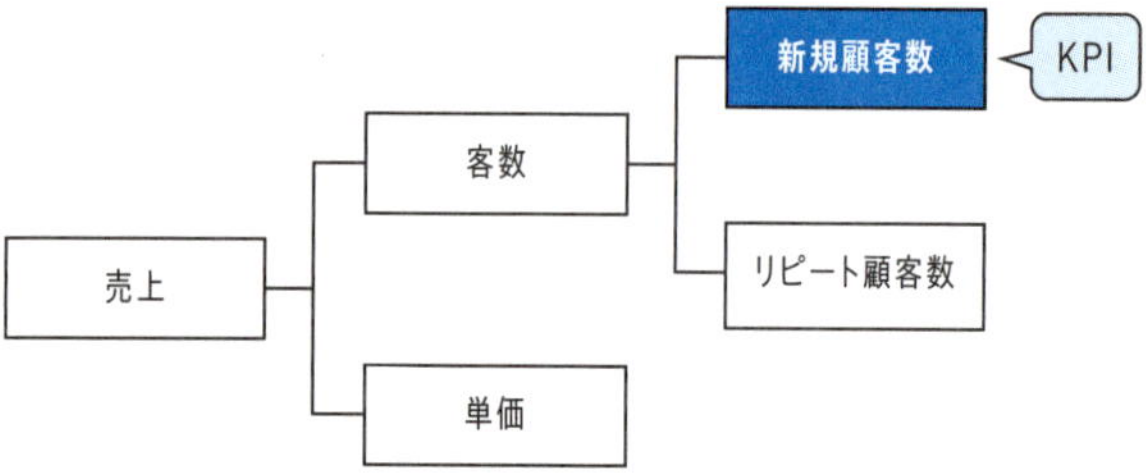
新規顧客数
KPI
客数
リピート顧客数
売上
単価

演習3　回答例②

回答例②

――すごい簡単に考えたんですが……。ネットスーパーって、まだそんなに普及していないから、客数が増えないといけないと思い、客数という要素がわかるように分解してみました。で、客数といっても、新規のユーザーなのか、前から使っているコンスタントなユーザーなのかで意味が違うと思うので、その2つに分けてみました。どっちが大事かといったら、どっちも大事だと思うんですけど、この考え方もひとつ入れとかないとダメかなと思いました。

ありがとうございます。2つの回答、パターンが違っておもしろいですね。正解はひとつではないので自由に考えてください。

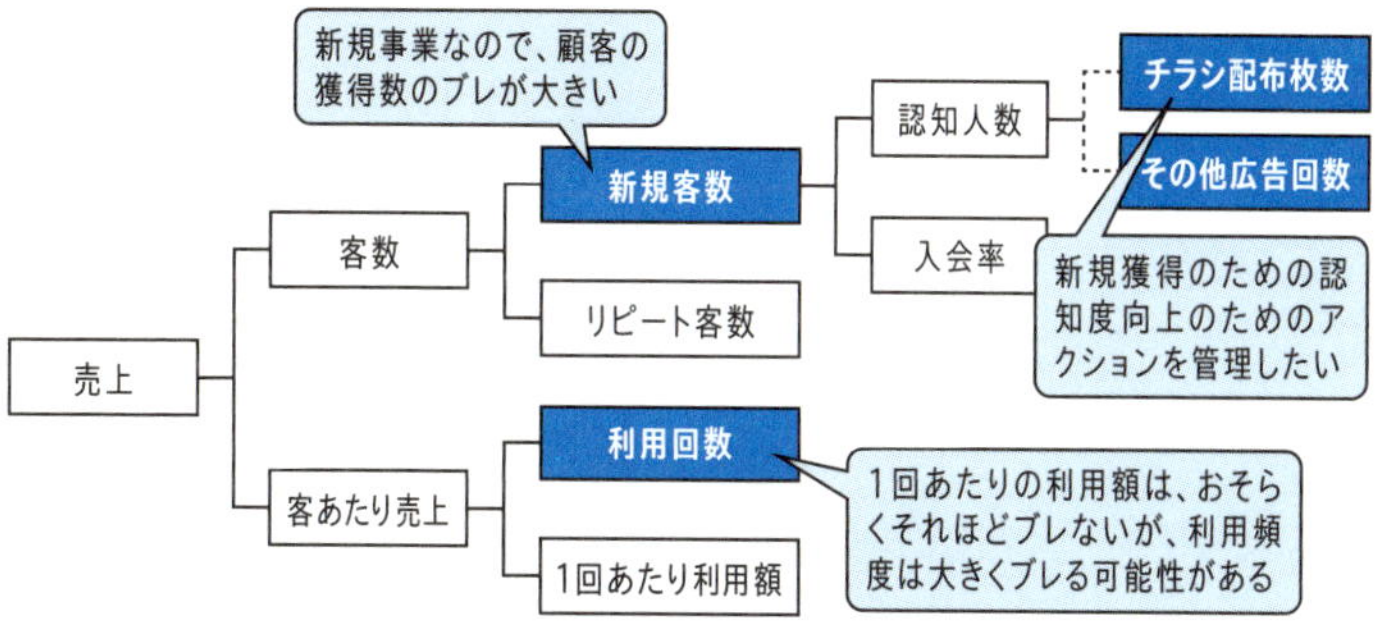
新規事業なので、顧客の獲得数のブレが大きい
売上
客数
新規客数
リピート客数
客あたり売上
利用回数
1回あたり利用額
認知人数
入会率
チラシ配布枚数
その他広告回数
新規獲得のための認知度向上のためのアクションを管理したい
1回あたりの利用額は、おそらくそれほどブレないが、利用頻度は大きくブレる可能性がある

演習3　回答例③

回答例③

私の回答例も2人目の方と近いのですが、紹介しておきます。まず、「売上」を「客数」と「客あたり売上」に分けてみました。お客さんの数は、先ほどの方と同じく新しいビジネスなので、「新規客数」と「リピート客数」に分解します。これをもっと見ていくと、何人入会して、何人やめて、結果何人残って……と分けることもできますが、いったんシンプルに分けてみました。さらに「新規客数」を「認知人数」と「入会率」に分解します。「認知人数」というのは、このネットスーパーを認知している人が何人くらいいるのかということ。「入会率」は、その中で実際に入会した人の割合です。「認知人数」はどのくらいちゃんと露出しているのかということにつなげられるかなと思ったので、「チラシ配布枚数」と「その

他広告回数」に分解してみました。ここは厳密にいうと、きれいな分解にはなっていませんが、重要そうな要素をざっくり選んだということです。

大きな枝に戻って、「客あたり売上」は、「利用回数（ひとりが1か月もしくは1年あたりに何回利用しているのか）」と、「1回あたり利用額」に分解してみました。

分解した中で特に大事な要素（KPI）を選びます。

ひとつは、「新規客数」にしました。新しいビジネスなので、新規でどれだけ獲得できるのかというところは、特に重要な指標になってくるのではないかと考えました。

「新規客数」のアクションKPIとして、「チラシ配布枚数」と「その他広告回数」を選びました。新規のお客さんを獲得するためにちゃんと広告を打てているのか、チラシを配布しているのか、というのは、いい指標になると思います。

もうひとつのKPIは、「利用回数」にしました。3か月に1回しか利用してくれていないのか、毎週利用してくれているのかという頻度は重要な要素で、しかもブレが大きいと考えたからです。

先ほども言いましたが、決して私の回答が正解というわけではないので、いろいろ考えてみてください。この章で学んだように、KPIを見極めるポイントは、ブレが大きいものであるかどうかと、アクションに結びつくかどうかです。

少し発展編になりますが、ＫＰＩは時間とともに変わっていきます。いまは新規の立ち上げだから新規顧客数をＫＰＩにしていますが、事業を始めて年月が経つとほかの要素がＫＰＩになってくるでしょう。もしネットスーパーがすごく普及したら、「利用回数」や「１人あたり単価」がＫＰＩになってくるかもしれません。ちょっと複雑なことを言うようですが、事業のフェーズによって見るべきＫＰＩというのは変わっていくということも、頭の片隅に入れておいてください。一度ＫＰＩを決めたら、今後10年これでＯＫではないということです。事業の展開によって、つねに変化させていく必要があります。

期待成果を検証する２つのコツ

では、最後に「期待成果を検証する」ためのプラスアルファのコツを２つご紹介します。

1　いくつかのシナリオを用意する

経済的リターンを検証するシナリオは、ひとつでは説得力がありません。納得感を出すためにシナリオを複数提示しましょう。基本の「ベースケース」に加えて、「リスクケース」と「アップサイドケース」を用意してください。

ポイント：納得感のあるシナリオを複数提示する

<table>
<tr><th></th><th></th><th>リスクケース</th><th>ベースケース</th><th>アップサイドケース</th></tr>
<tr><td rowspan="3">主な仮定</td><td>顧客数／営業人員</td><td>10人獲得
（競合B並）</td><td>30人獲得
（競合A並）</td><td>50人獲得
（業界トップクラス）</td></tr>
<tr><td>客単価</td><td>90万円
（競争激化想定）</td><td>100万円
（競合A並）</td><td>130万円
（インフレ想定）</td></tr>
<tr><td>システム投資</td><td colspan="2">← 1000万円（現時点の見積もり） →</td><td>800万円（交渉成功仮定）</td></tr>
<tr><td rowspan="2">想定リターン</td><td>売上（3年後）</td><td>XX億円</td><td>XX億円</td><td>XX億円</td></tr>
<tr><td>営業利益（3年後）</td><td>XX億円</td><td>XX億円</td><td>XX億円</td></tr>
</table>

経済的リターン　シナリオ

「リスクケース」は、仮にうまくいかなくても最低このくらいはいくという場合の数字です。そうすると、「たしかに最悪でもこのくらいの利益が出るんだったら悪くないね」というような、リスクを考慮した経営判断がしやすくなります。

逆に「アップサイドケース」は、もしうまくいったら、こんなにポテンシャルがあるという場合の数字です。普通にいったら10億円ですが、もしかすると1000億円になるかもしれないというケースを見せると、「たしかに夢のある事業だね」ということがわかってもらえるでしょう。

2 聞き手の求めるストーリーを考える

もうひとつのコツは、いまお話しした3つのケースの中でも、聞き手が求めているケースは何かを見極めてストーリーを用意しておくということです。

たとえば上司にプレゼンするときは、その上司が、最悪でも黒字化が見込める固い事業を求めているのか、それとも多少のリスクがあっても大化けする事業を求めているのかを把握しましょう。そして、相手の要望に沿ったストーリーを用意します。手堅いケースが必要なのか、夢のあるケースが必要なのか、考えながら数字をつくっていくと、関係者を説得しやすい、共感を得やすい数字ができ上がります。

まとめ 4 SUMMARY

期待成果を検証するための内容とは

- 経済的リターンを試算する
- KPI（目標の達成具合を評価するために、特に重要な補助指標）を明確にする

経済的リターンを試算するために

- 見るべき数字は、売上〜営業利益
- 到達地点を明確にし、時系列で考え、一時的なコストを分解する

KPIを明確にするために

- 目標を分解する
- ブレが大きい要素、アクションに結びつく要素を選定する

期待成果を検証する2つのコツ

1 いくつかのシナリオを用意する

2 聞き手の求めるストーリーを考える

5 時間目

STEP④
具体的なアクションを明確にする

⑥チーム・組織体制を考える

では、いよいよ最後のステップ「具体的なアクションを明確にする」です。ここはそんなに難しいことはないので、サクッといきたいと思います。

まずは、「チーム・組織体制を考える」ですね。

役割分担に便利なフレームワーク「RACI」

事業を実行するためにはチームの役割分担を明確にすることが大事ですが、それができていないとこんなことが起こってしまう、という例をいくつか紹介しましょう。

- **各タスクのリーダーがあいまいで、1か月経って「どうなりましたか?」と聞いてみたら、まだ誰も何もしていなかった**
- **いろいろな人がいろいろな意見を言うので、どれを聞いていいかわからない**

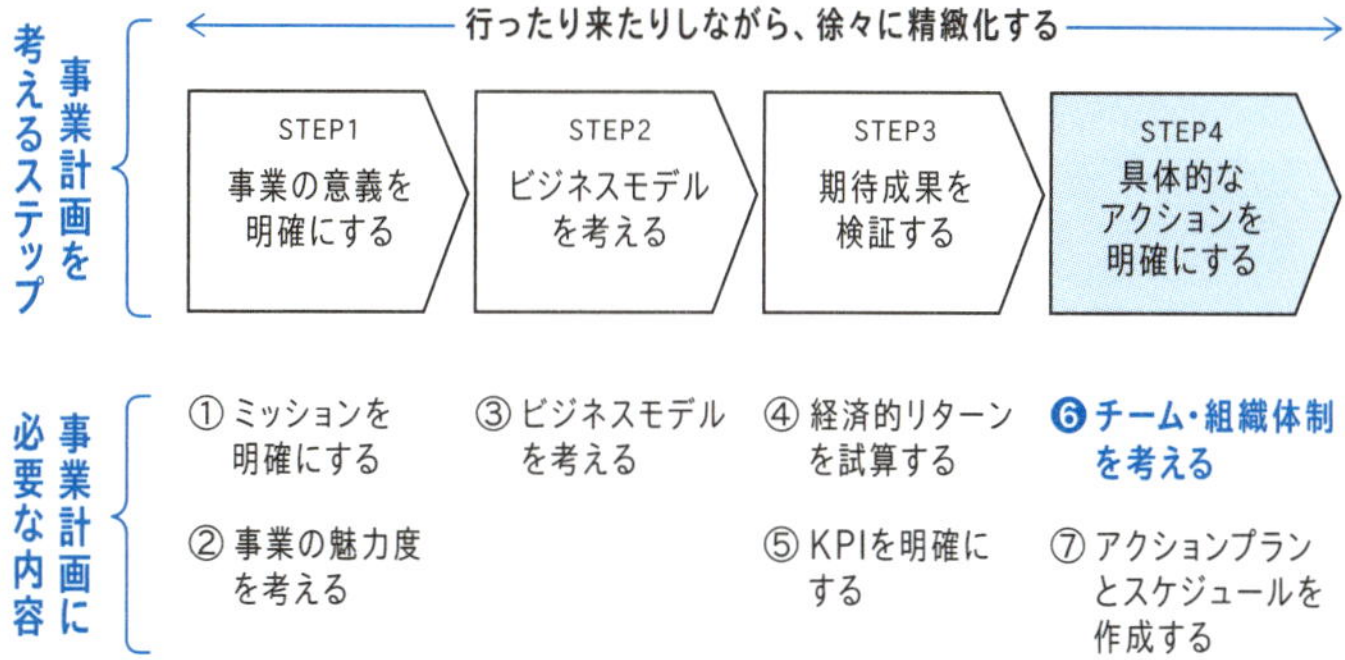
行ったり来たりしながら、徐々に精緻化する
事業計画を考えるステップ
STEP1 事業の意義を明確にする
STEP2 ビジネスモデルを考える
STEP3 期待成果を検証する
STEP4 具体的なアクションを明確にする
事業計画に必要な内容
① ミッションを明確にする
② 事業の魅力度を考える
③ ビジネスモデルを考える
④ 経済的リターンを試算する
⑤ KPIを明確にする
⑥ チーム・組織体制を考える
⑦ アクションプランとスケジュールを作成する

事業計画のつくり方

・関連部署に相談にいったら、プロジェクトの存在自体知らなかった

けっこうありがちな例だと思います。

これを防ぐために使ってほしいのが、役割分担を明確にするフレームワークRACIです。4つの役割を設定していて、それぞれの頭文字をとるとRACIになります。

・Responsible（実行責任者）

実行責任者は、活動の進行に責任を持つ人です。物事に対して決定権があり、タスクごとの責任者を明確にするという役割があります。

・Accountable（説明責任者）

説明責任者は、実際の活動の進捗、状況の共有と把握、そしてそれを説明する責任を持つ人

Responsible（実行責任者）

活動の進行に責任を持つ人の明確化
・物事の決定権がある人
・タスクごとの責任者

Accountable（説明責任者）

状況の把握と説明責任の明確化
・実際の活動の進捗、状況の共有に関して責任を持つ人
（実際は、責任者と同じことが多い）

Consulted（相談対象者）

双方向の相談をしておく相手を明確化
・有用な情報、アドバイスをもらう人
・活動推進のサポートをしてくれる人

Informed（情報提供者）

一方向の情報シェアの対象を明確化
・実行にあたり関係があり、進んでいる内容を耳には入れておいたほうがよい人

役割分担のフレームワーク：RACI

です。

「実行責任者」と「説明責任者」は、実際には同じ人が務めることのほうが多いと思います。全体のリーダーである実行責任者が、上司や関係者に責任を持って説明するということですね。

・Consulted（相談対象者）

相談対象者とは、双方向の相談をしておく相手です。有用な情報やアドバイスをもらうべき人、活動推進のサポートをしてくれる人です。

・Informed（情報提供者）

情報提供者は、一方的に情報をシェアしておく相手です。実行にあたり関係があり、進んでいる内容を耳には入れておくほうがいい、という人です。

相談対象者と違い、こちらはアドバイスやサ

ポートなどは求めない相手です。進捗などについては情報を共有するが、別に毎回議論に参加してもらわなくてもよい人ということですね。

この4つの役割を誰にするのかということを、いちばん最初に決めておくことが、事業の実行にあたってはとても大事です。

組織図に落とし込むときのポイント

RACIを決めたら、組織図に落とし込んでおきます。もう少し具体的にチームメンバーの氏名を書き込み、ちゃんと紙に明記して、みんなで共有することも重要なのです。

1 リーダーを決める

プロジェクト全体のリーダーを決めるのはもちろんですが、プロジェクトの中にはタスクがいくつかありますので、それぞれのタスクを推進するためのリーダーも決めておきましょう。

2 アドバイスをもらいたい人を決める

アドバイスやサポートをもらいたい人も決めておきましょう。先ほどのConsulted（相談対

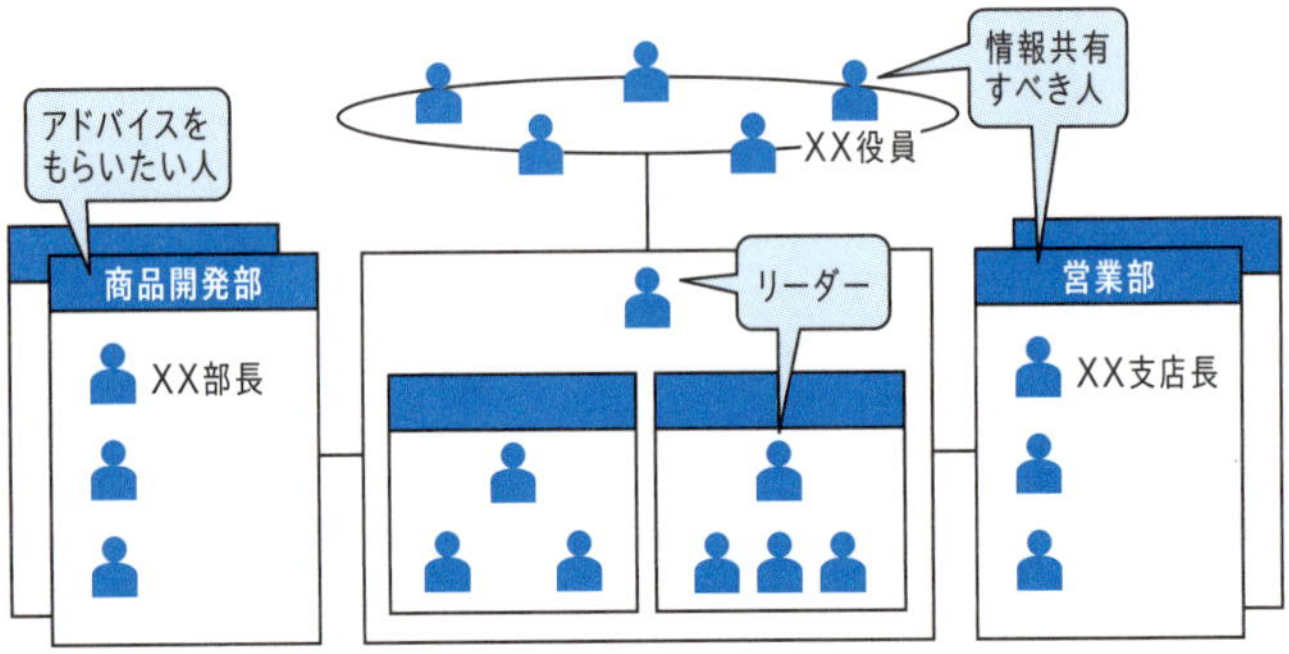

組織図に落とし込んでおく

象者にあたる人ですね。

たとえば、商品企画のプロジェクトだとすると、企画部門がメインでやっていますが、実際に開発できるかどうかなどについては商品開発部の人にアドバイスをもらいながら進めなくてはなりません。日頃から情報を共有して双方向のやりとりをすることによって、巻き込んでいきましょう。

3　情報共有すべき人を決める

アドバイスやサポートはいらないけれど「情報提供だけしておくべき人」も決めておきます。これは、Informed（情報提供者）にあたります。

先ほどの商品開発プロジェクトの例でいうと、たとえば営業部がこの役割になります。まだ開発段階なのでアドバイスはいらない。だけど、将来的にこういう商品が出そうだという情報は教えておいてあげたほうがいいですよね。さすがに商品が出荷されるときになって、明日から売ってきてくださいと言われても営業スタッフも困りますから。

4　全員の氏名を書いておく

組織図をつくるときは、いま挙げたリーダーや相談相手以外も関わっている人全員の名前を書いておきましょう。どの人が関わっているのかということが、この図を見れば一目瞭然という状態にしておきます。自分の名前が書いてあると当事者意識が生じます。

事業やプロジェクトを成功させるためには、まわりの共感とサポートが不可欠です。関わっている人の名前を書いて、巻き込んでおきましょう。

⑦アクションプランとスケジュールを作成する

スケジュールは、事業やプロジェクトを予定通り進める上でとても大事です。私の経験上、最初にスケジュールをきちんと立てないプロジェクトは必ず遅れるといっても過言ではありません。

スケジュールを立てる3つのコツ

1　まずは大枠のスケジュールから考える

どのくらいの期間のスケジュールでやるかによりますが、最初はX週間とかYか月とか大きな単位でスケジュールを考えるところから始めてください。いきなり1日単位とか、1週間単位でやると難しいですから。

具体的には、168ページの図のようにXXか月などの単位で3～5個のフェーズに分けま

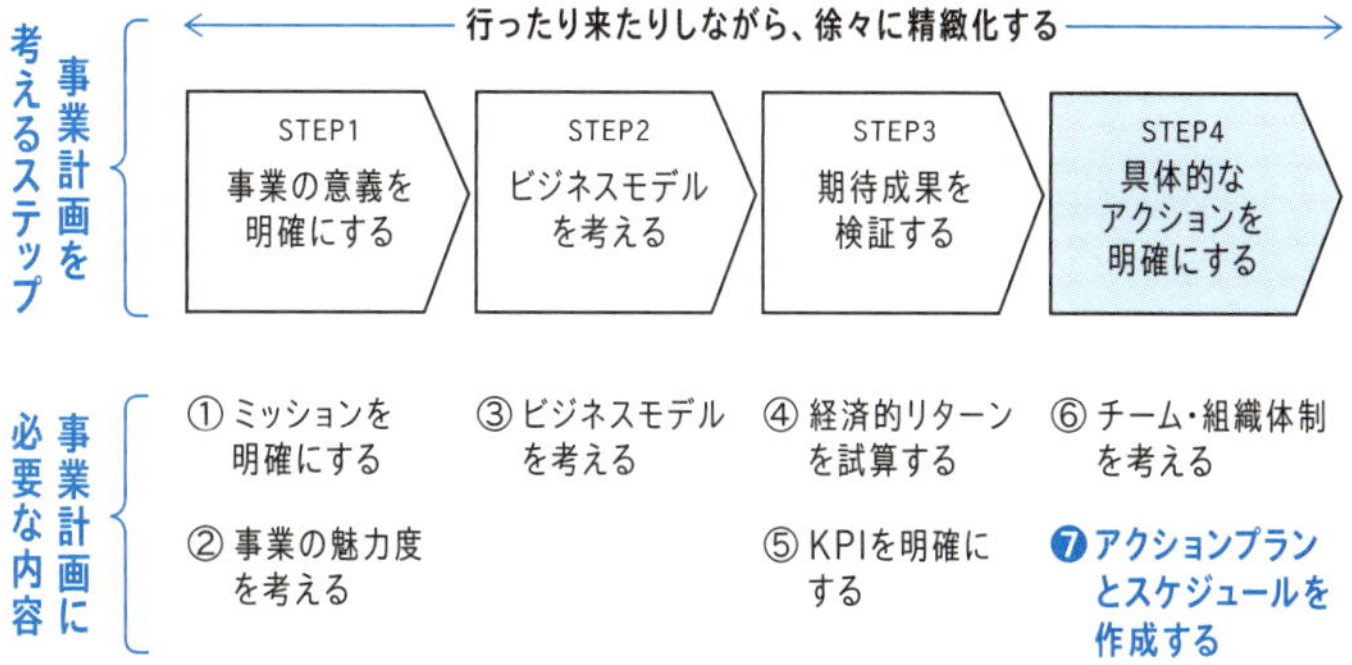
事業計画を考えるステップ
行ったり来たりしながら、徐々に精緻化する
STEP1
事業の意義を明確にする
STEP2
ビジネスモデルを考える
STEP3
期待成果を検証する
STEP4
具体的なアクションを明確にする
事業計画に必要な内容
① ミッションを明確にする
② 事業の魅力度を考える
③ ビジネスモデルを考える
④ 経済的リターンを試算する
⑤ KPIを明確にする
⑥ チーム・組織体制を考える
❼ アクションプランとスケジュールを作成する

事業計画のつくり方

す。そのあと、やるべきことをリストアップして詳細なアクションに落とし込んでいきます。全部リストアップすると、アクションは何十個も出てきます。それをフェーズに合わせて割り振っていきましょう。

たとえば168ページの図は新商品の開発の事例ですが、新商品の開発コンセプトの検討期間はだいたい2か月くらい、実際の開発期間は6か月、製造と販売は8か月くらいかな、みたいなざっくりとしたスケジュールの全体像をまず描きます。

2　活動期間とマイルストーンの設定

大枠のスケジュールができたら、次は、「ガントチャート」というスケジュール表を使って、もっと細かいスケジュールに落とし込んでいきます。

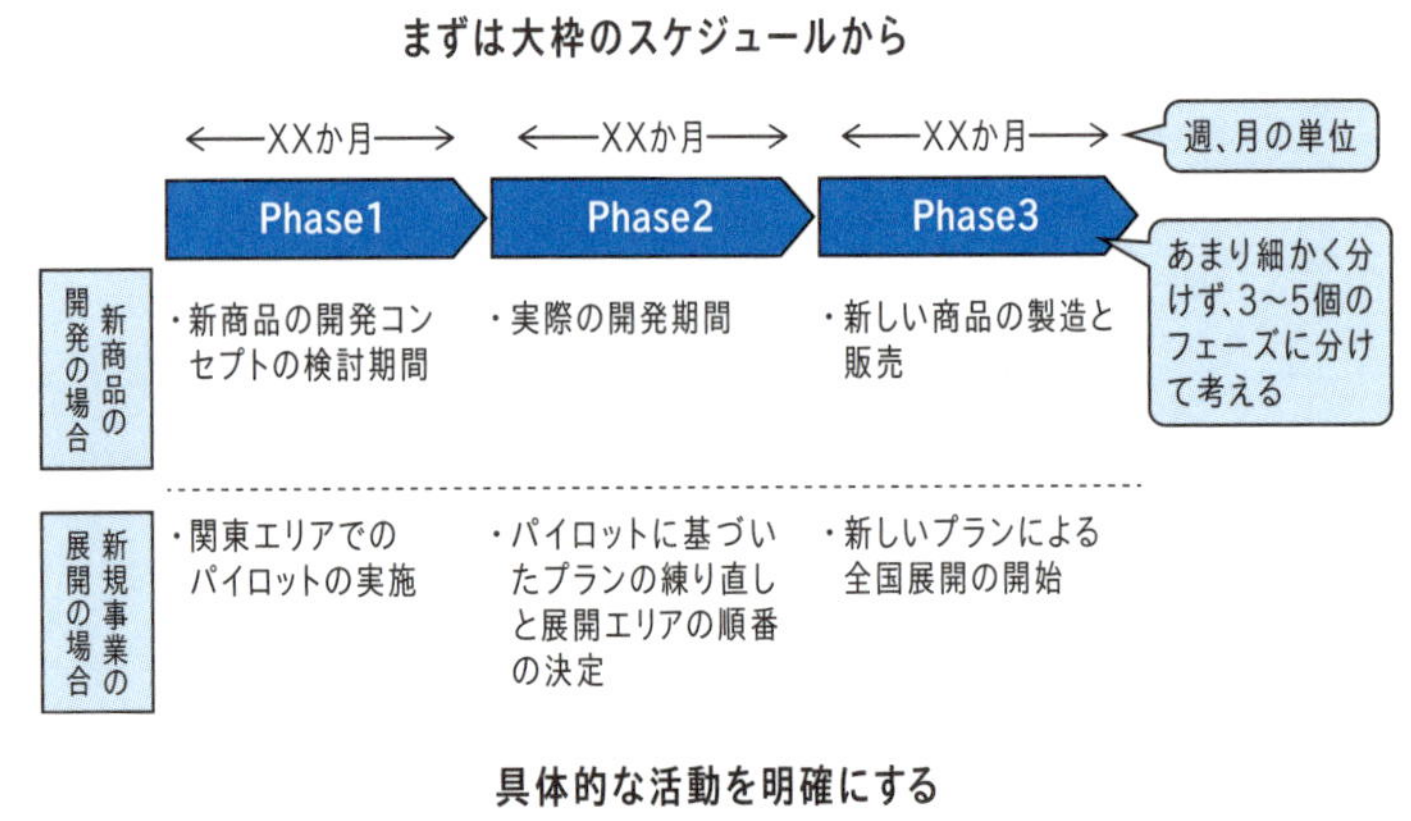
まずは大枠のスケジュールから
XXか月
XXか月
XXか月
週、月の単位
Phase1
Phase2
Phase3
あまり細かく分けず、3~5個のフェーズに分けて考える
新商品の開発の場合
・新商品の開発コンセプトの検討期間
・実際の開発期間
・新しい商品の製造と販売
新規事業の展開の場合
・関東エリアでのパイロットの実施
・パイロットに基づいたプランの練り直しと展開エリアの順番の決定
・新しいプランによる全国展開の開始
具体的な活動を明確にする

左ページの図のように、横軸は時間軸、縦軸は活動が書いてあります。先ほど大枠のスケジュールでつくったフェーズ1〜3の活動内容が縦軸に書いてあります。フェーズの中のさらに細かい具体的な活動の項目を書いておくと、それぞれの活動がどれくらいかかるのか、わかりやすいですよね。

ガントチャートには、「マイルストーン」を設定することも大事です。マイルストーンとは、簡単にいうと「締め切り」です。

左ページの図を見てもらうと、「社内マイルストーン」と「社外マイルストーン」という項目が設定されています。社内での報告会や社外では取引先との商談などを記載しておきます。そうすると、だいたい報告会までには開発コンセプトの大枠を決めておかなくちゃ、とか、商

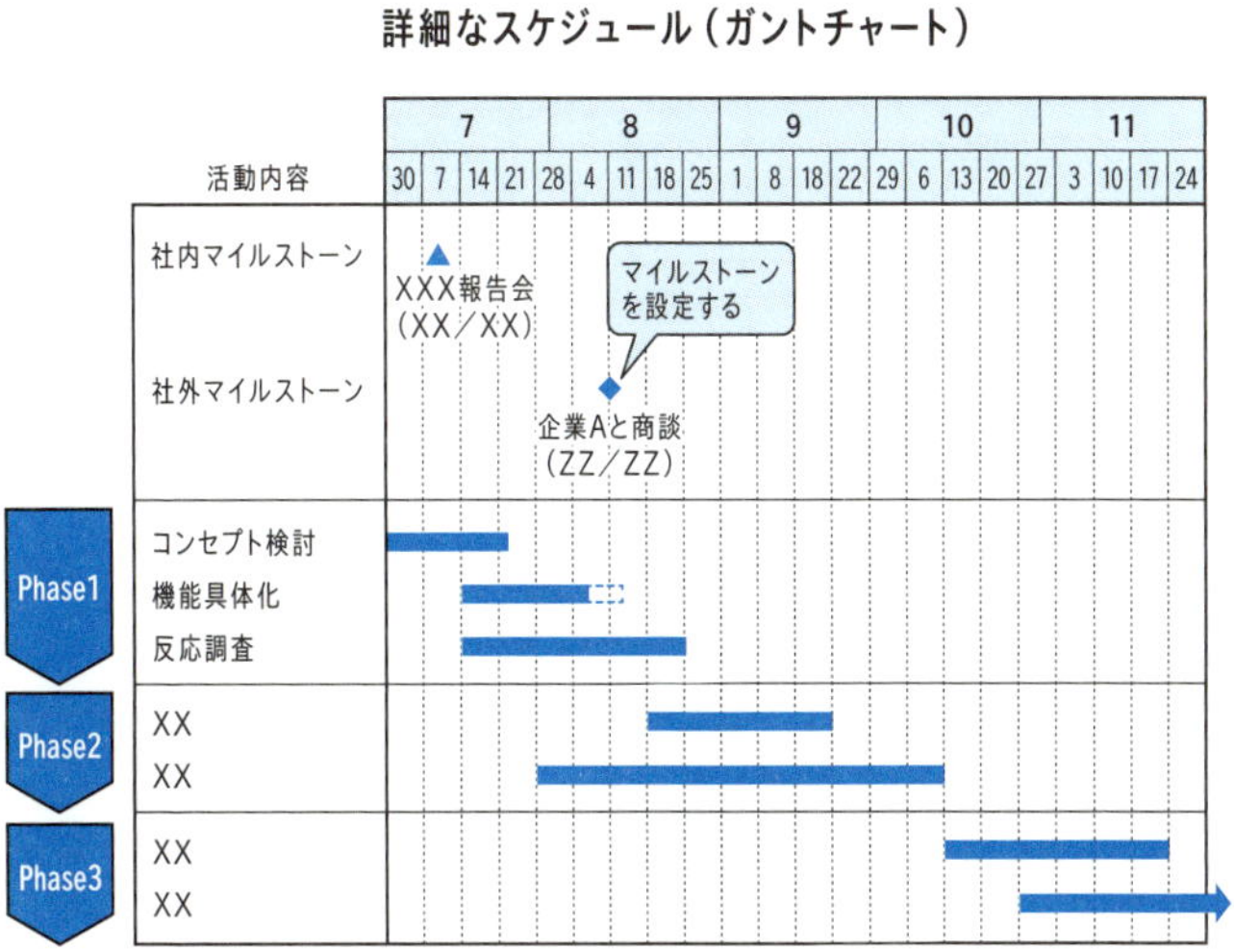
詳細なスケジュール（ガントチャート）
活動内容
7
8
9
10
11
30 7 14 21 28 4 11 18 25 1 8 18 22 29 6 13 20 27 3 10 17 24
社内マイルストーン
XXX報告会
（XX／XX）
マイルストーンを設定する
社外マイルストーン
企業Aと商談
（ZZ／ZZ）
Phase1
コンセプト検討
機能具体化
反応調査
Phase2
XX
XX
Phase3
XX
XX

活動期間とマイルストーンの設定

談までに新商品の機能的な面についてはまとめておこう、とか決まってきますよね。

ガントチャートはよく使いますが、マイルストーンと連動していないことが多いんです。それぞれ別の紙に書いてあったりしますが、連動しているほうがわかりやすい。これをプロジェクト内で共有しておきましょう。

また、この場合は社内と社外に分けていますが、この分け方はプロジェクトによって異なります。部署内／部署外とか、ほかにいろいろ分け方があると思います。

各活動の進捗が一目でわかる進捗管理表の活用

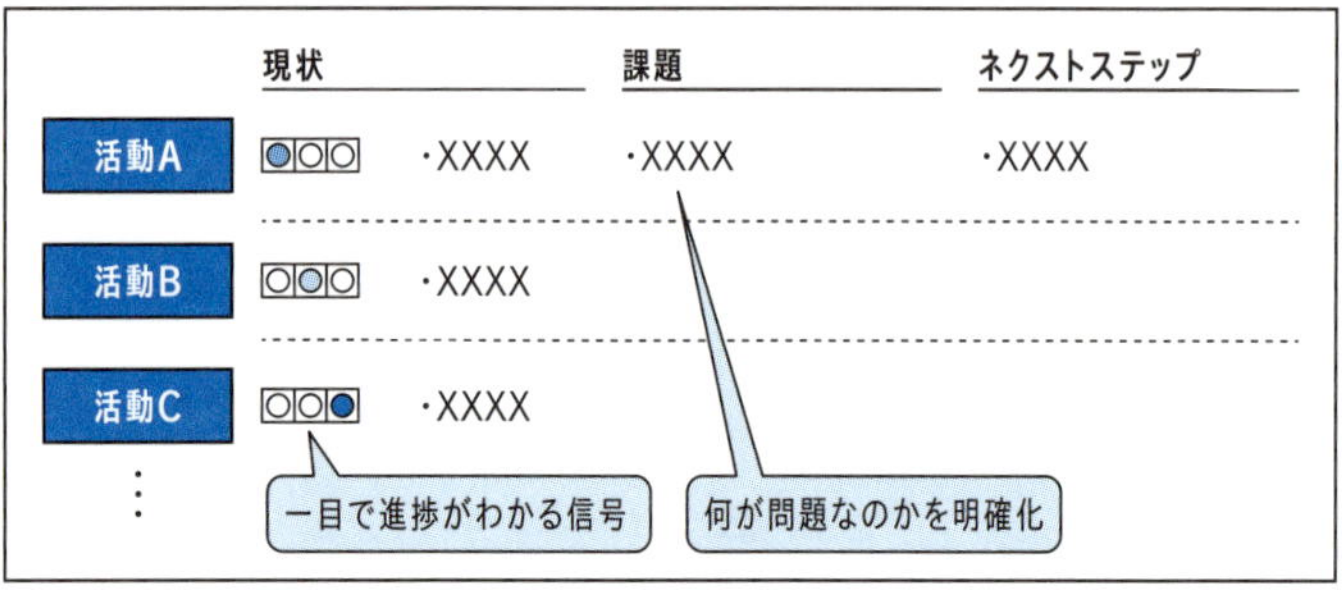
現状
課題
ネクストステップ
活動A
・XXXX
・XXXX
・XXXX
活動B
・XXXX
活動C
・XXXX
一目で進捗がわかる信号
何が問題なのかを明確化

進捗を管理する

3 進捗を管理する

最後は、スケジュール通りいっているかどうかをチェックするツールを紹介します。

各活動の進捗が一目でわかる進捗管理表です。私たちコンサルタントもいろいろなプロジェクトで実際に使っていますし、そのまま使ってくれるクライアントもけっこういるという、便利なフレームワークです。

上の図を見てください。縦軸にいろいろな活動を書いて、横軸に現状、課題、ネクストステップを書きます。現状のところ、横に並んだ3つの○は信号を表しています。ちょっと色を変えることができないのでわかりにくいと思いますが、実際にはここを進捗の状況によって、青、黄、赤に塗り分けます。こうしておくと、それぞれの活動がいまどんな状態かが一目でわかります。

青は「順調」、黄色は「ちょっとヤバイかも」、赤は「完全に遅れてます」という意味で塗り分けます。

信号の横に、その状況について補足を書きます。青信号だったら、「順調に開発が終わりました」とかですね。黄色ならたとえば、「開発部の設計の見積もりが遅くて遅延の恐れがある」と書きます。すでに「遅延しています」だと赤信号です。

この黄信号について横に見ていくと、「遅延の恐れがある」という状況に関して、「課題」「ネクストステップ」のそれぞれに書き込んでいきます。たとえば、課題が「開発部との連絡がスムーズにいっていない」とか「開発部の担当者がプロジェクトの重要性を理解していない」だったら、ネクストステップは「プロジェクトリーダーが開発部のリーダーに現状の課題の説明をする」になるかもしれません。

黄信号や赤信号の活動があれば、それらをひとつひとつ解決して全部青になるように管理し続けることができるのがこの進捗管理表の特色です。この進捗管理表を使っていると、チーム内でそれぞれの活動がどんな状態なのかが共有できます。そうすると、メンバーひとりひとりが、スケジュール通り進めようという気持ちが働きます。また、どこがうまくいっていないかわかるので、すぐにネクストステップの提案があったりして、解決しやすくなります。

大枠のスケジュールをつくって、ガントチャートに落とし込んで、マイルストーンを設定する。ここまでやれば予定通りいくだろう、と思いがちですが、実際始めてみるとなかなかスケジュール通りに進まないものです。進捗具合が一目瞭然でわかるようにしておくだけでも、かなり違います。ぜひ使ってみてください。

まとめ 5 SUMMARY

具体的なアクションを明確にするための内容とは

・チーム・組織体制を考える

・アクションプランとスケジュールを作成する

役割分担のフレームワーク「RACI」を用いる

・責任者(Responsible)

・説明責任者(Accountable)

・相談対象者(Consulted)

・情報提供者(Informed)

責任者を明確にし、関わる人全員の氏名を記載した組織図をつくる

スケジュールを立てる3つのコツ

・大枠のスケジュールから考える

・活動期間とマイルストーンを設定する
ガントチャートに落とし込み、マイルストーンと連動させる

・進捗を管理する
進捗管理表を活用し、全体の活動の状況を常に把握しておく

付録

事業計画資料のフォーマット

実際にはどんな事業計画書をつくるべき？

ここまで事業計画のステップに沿って、「事業の意義を明確にする」から、「ビジネスモデルを考える」「期待成果を検証する」「具体的なアクションを明確にする」までやってきました。最後に、実際にこの事業計画をプレゼンする場合、どんなスライドや紙になるのかをひとつ例として提示したいと思います。

実際には、事業の内容や状況によってつくるべきスライドは異なります。具体的には『コンサル流プレゼン資料作成術』という本に、効果的なスライドのつくり方がまとまっているので参考にしてほしいのですが、ここでは一例として事業計画書のイメージをつかんでもらうために参考となるものを用意してみました。基本形として参考にしてもらって、実際には、伝えたいメッセージが伝わるよう、各自工夫してみてください。

① 表紙

Xx事業部
新規事業計画提案書

「Yyビジネスへの参入計画」

20XX年X月XX日

② 目次

目次

・Yyビジネスの立ち上げを目指す背景
　・Xx事業部のミッション
　・Yyビジネスの魅力度

・Xx事業部の目指すYyビジネスの仕組み

・想定される収益計画

・アクションプラン
　・チーム体制
　・スケジュール

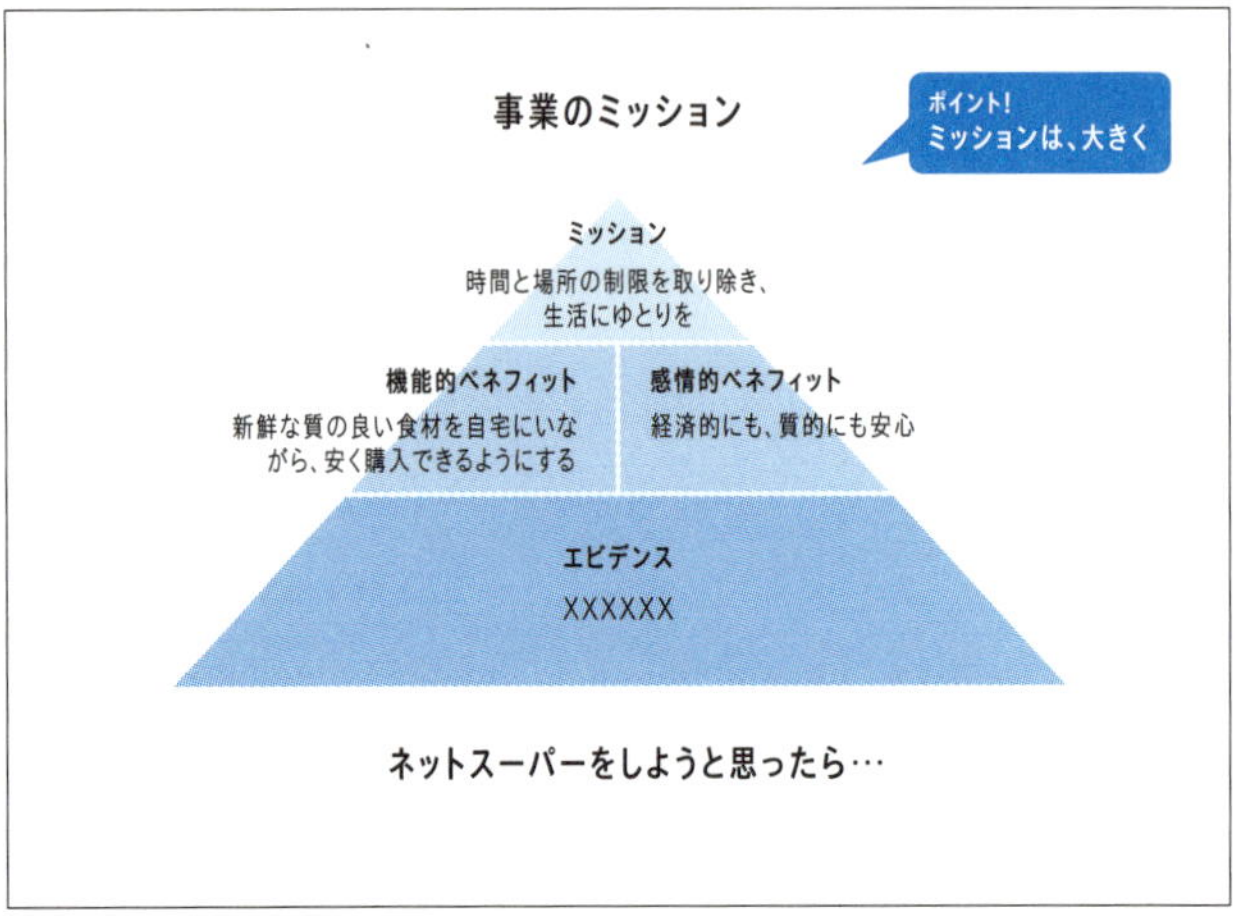
事業のミッション
ポイント!
ミッションは、大きく
ミッション
時間と場所の制限を取り除き、
生活にゆとりを
機能的ベネフィット
新鮮な質の良い食材を自宅にいながら、安く購入できるようにする
感情的ベネフィット
経済的にも、質的にも安心
エビデンス
XXXXXX
ネットスーパーをしようと思ったら…

③事業のミッション

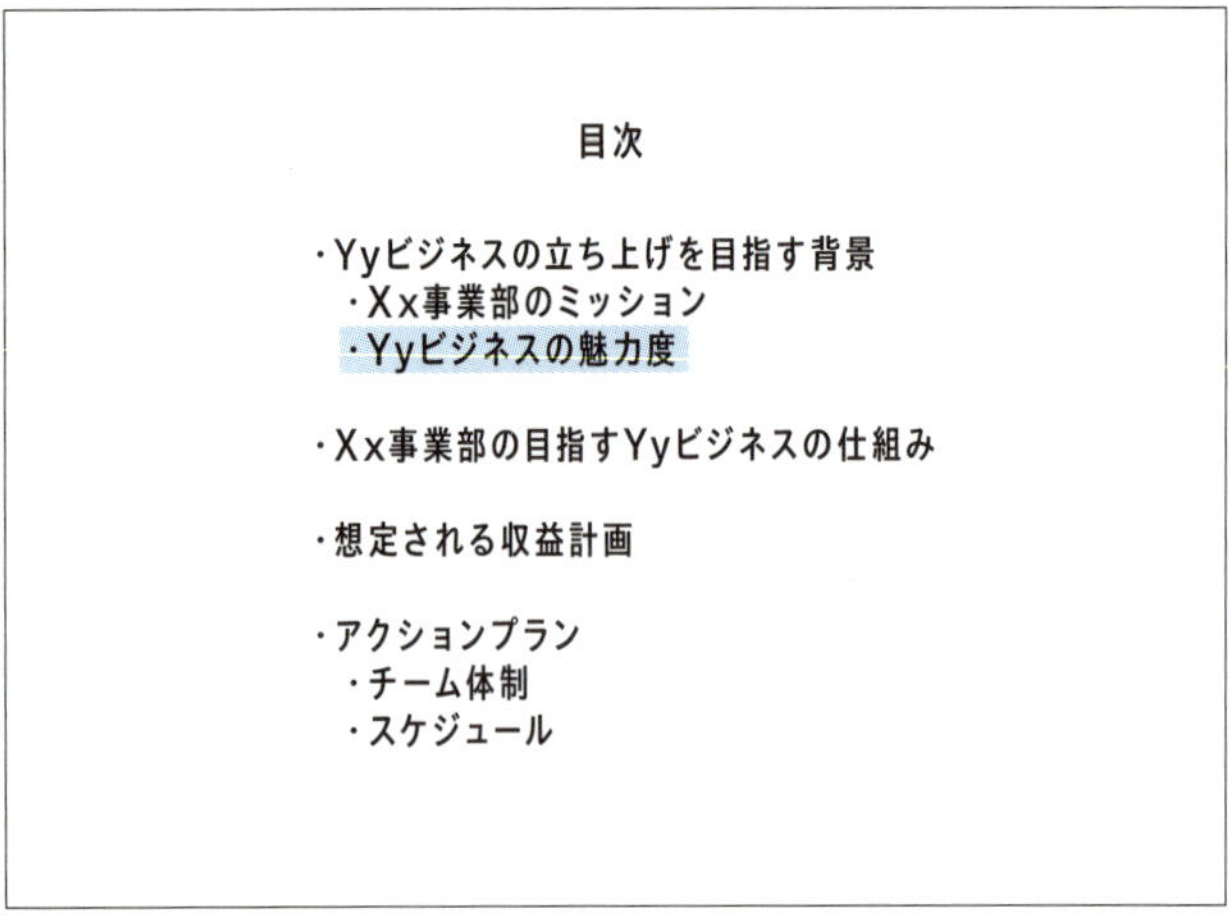
目次
・Yyビジネスの立ち上げを目指す背景
・Xx事業部のミッション
・Yyビジネスの魅力度
・Xx事業部の目指すYyビジネスの仕組み
・想定される収益計画
・アクションプラン
・チーム体制
・スケジュール

④目次

⑤市場の魅力度

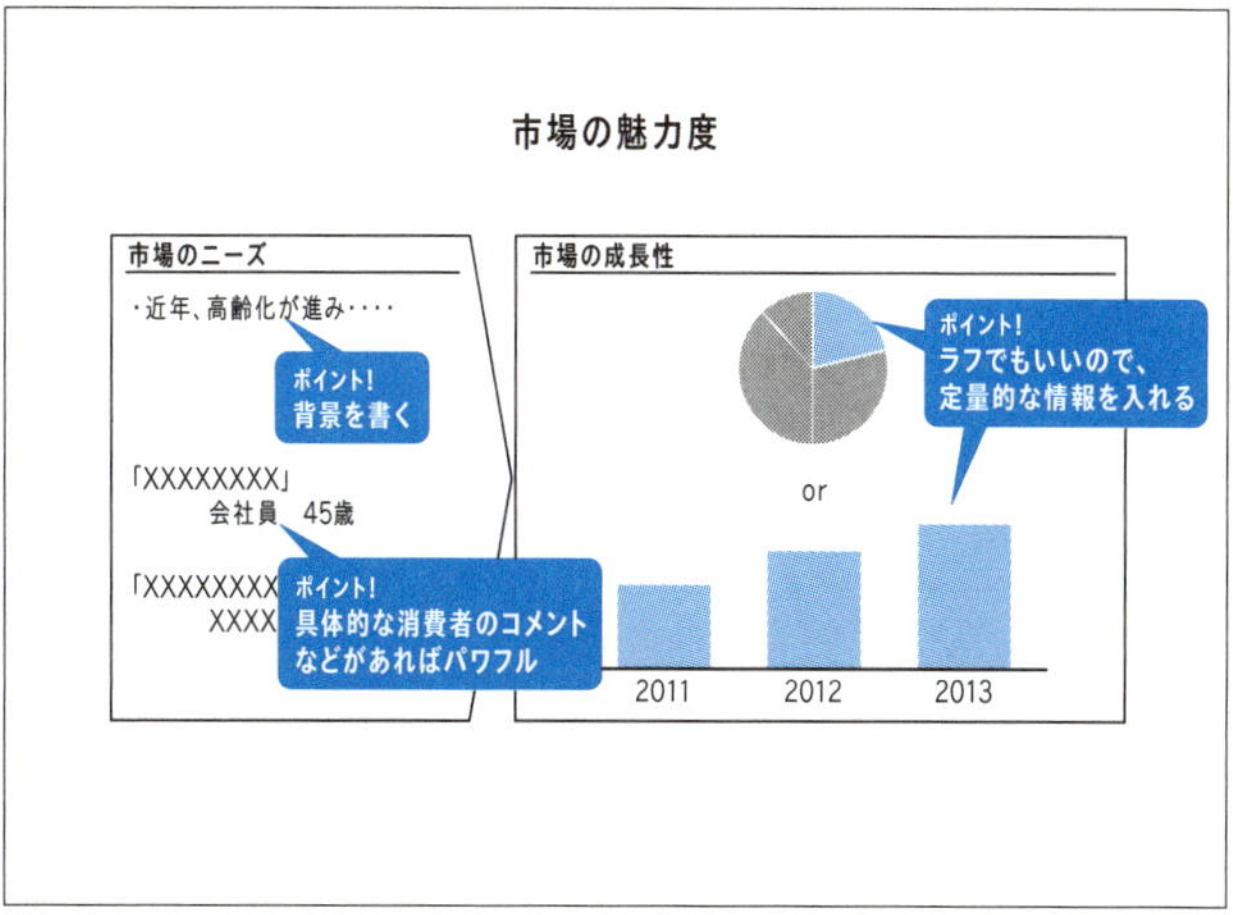
市場の魅力度
市場のニーズ
・近年、高齢化が進み・・・・
ポイント!
背景を書く
「XXXXXXXX」
会社員　45歳
ポイント!
具体的な消費者のコメントなどがあればパワフル
市場の成長性
ポイント!
ラフでもいいので、定量的な情報を入れる
or
2011
2012
2013

⑥自社の強み

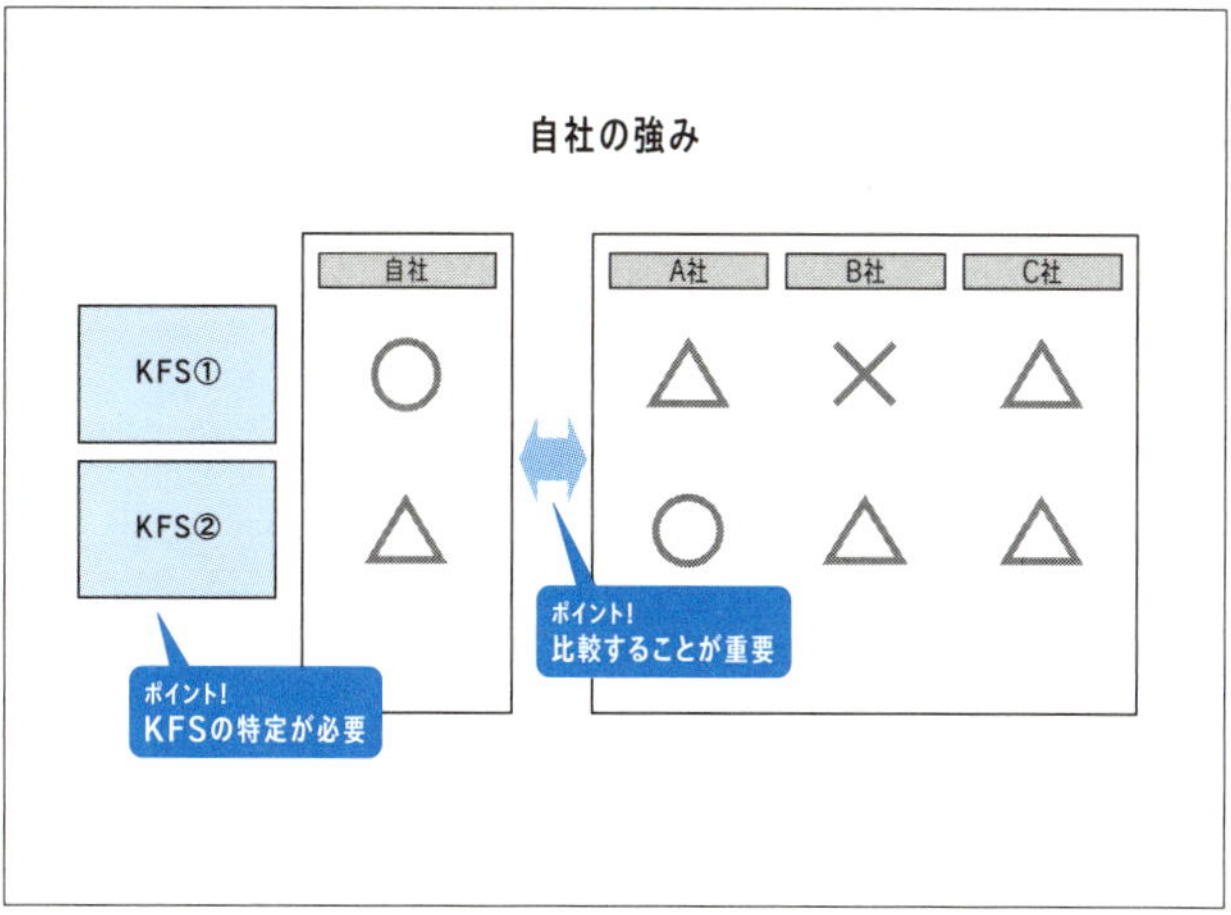
自社の強み
自社
A社
B社
C社
KFS①
KFS②
ポイント!
比較することが重要
ポイント!
KFSの特定が必要

⑦競合情報

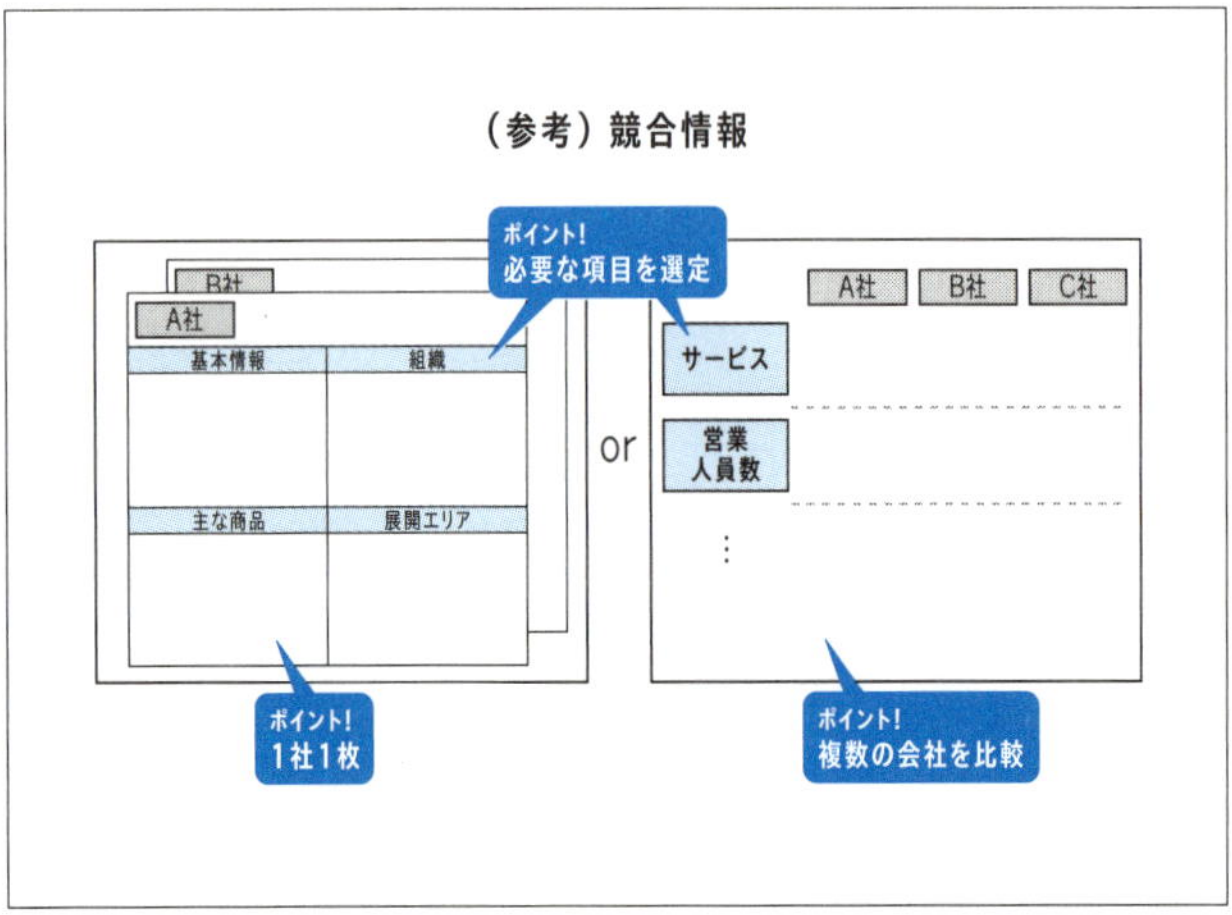
(参考) 競合情報
ポイント!
必要な項目を選定
B社
A社
基本情報
組織
主な商品
展開エリア
or
A社
B社
C社
サービス
営業
人員数
ポイント!
1社1枚
ポイント!
複数の会社を比較

⑧事業の魅力まとめ

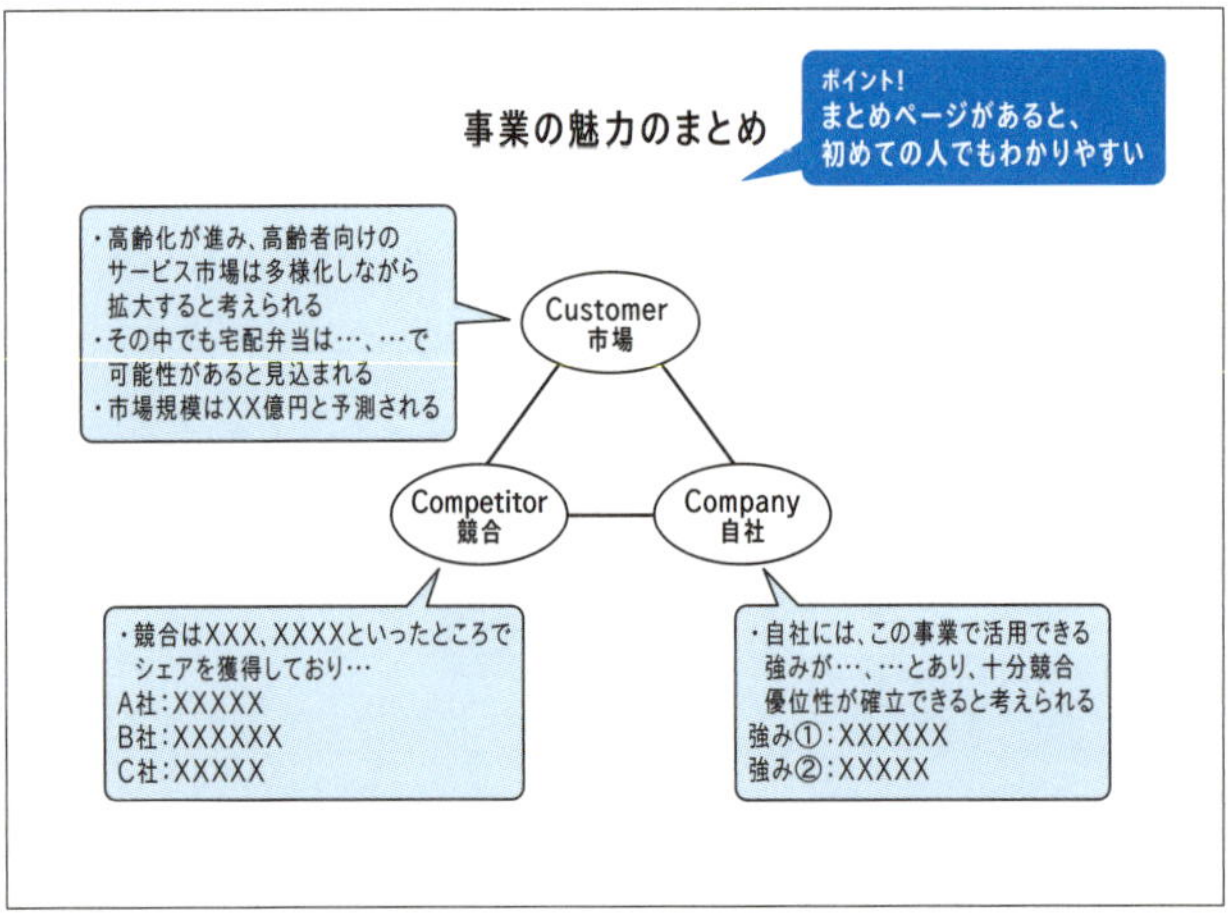
事業の魅力のまとめ
ポイント!
まとめページがあると、
初めての人でもわかりやすい
・高齢化が進み、高齢者向けの
サービス市場は多様化しながら
拡大すると考えられる
・その中でも宅配弁当は…、…で
可能性があると見込まれる
・市場規模はXX億円と予測される
Customer
市場
Competitor
競合
Company
自社
・競合はXXX、XXXXといったところで
シェアを獲得しており…
A社:XXXXX
B社:XXXXXX
C社:XXXXX
・自社には、この事業で活用できる
強みが…、…とあり、十分競合
優位性が確立できると考えられる
強み①:XXXXXX
強み②:XXXXX

⑨目次

目次

- Yyビジネスの立ち上げを目指す背景
  - Xx事業部のミッション
  - Yyビジネスの魅力度
- Xx事業部の目指すYyビジネスの仕組み
- 想定される収益計画
- アクションプラン
  - チーム体制
  - スケジュール

⑩ビジネスモデルの概要

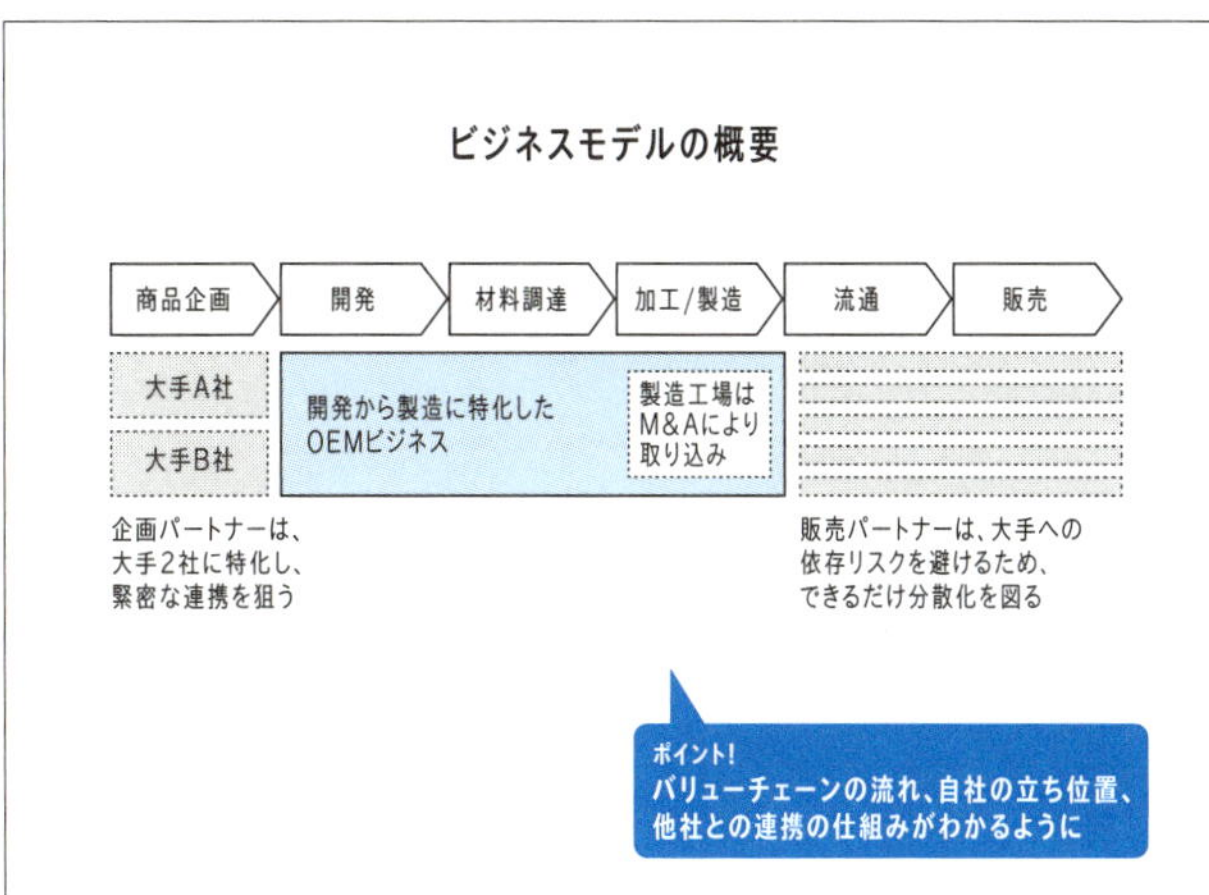
ビジネスモデルの概要
商品企画
開発
材料調達
加工/製造
流通
販売
大手A社
大手B社
開発から製造に特化したOEMビジネス
製造工場はM&Aにより取り込み
企画パートナーは、大手2社に特化し、緊密な連携を狙う
販売パートナーは、大手への依存リスクを避けるため、できるだけ分散化を図る
ポイント!
バリューチェーンの流れ、自社の立ち位置、他社との連携の仕組みがわかるように

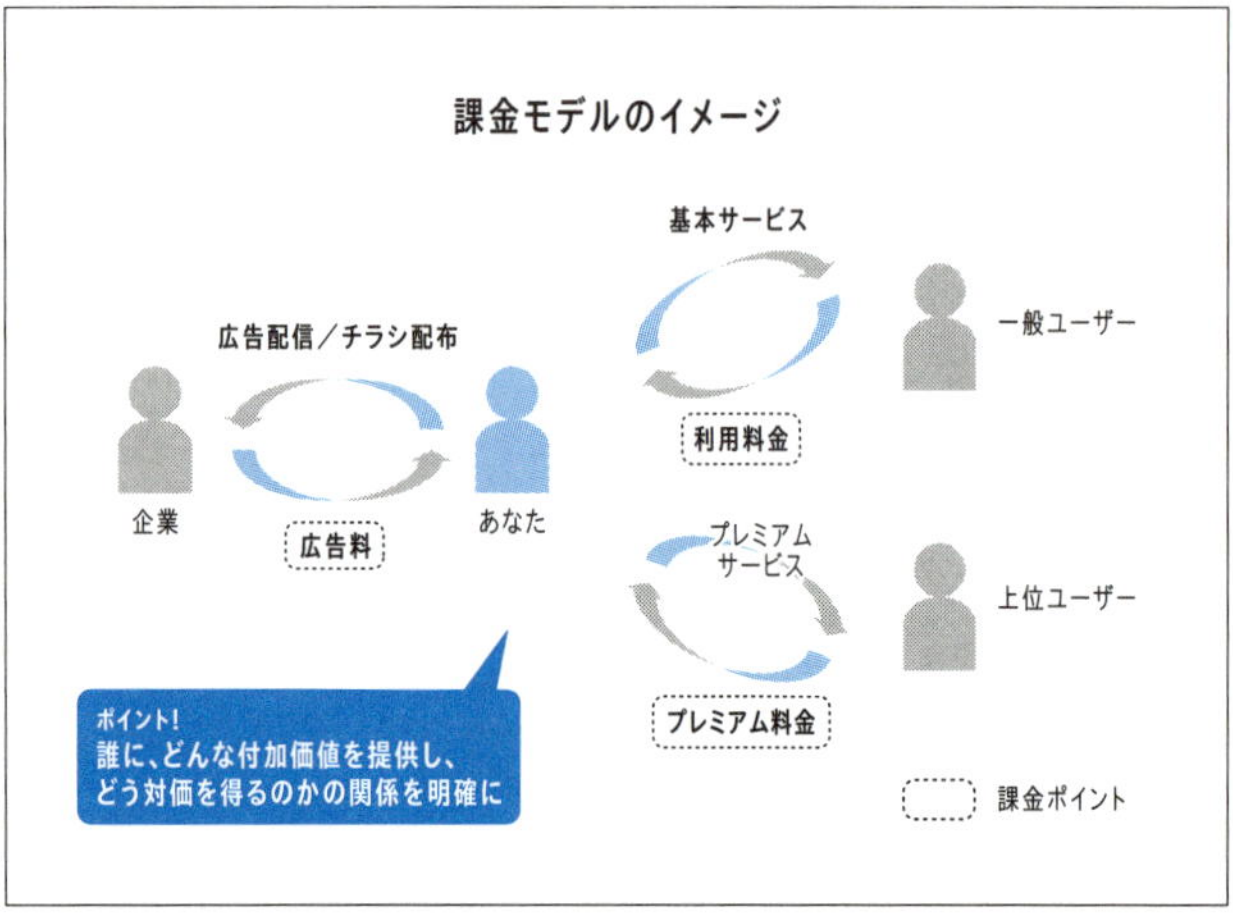
課金モデルのイメージ
広告配信／チラシ配布
企業
広告料
あなた
基本サービス
利用料金
一般ユーザー
プレミアム
サービス
プレミアム料金
上位ユーザー
ポイント!
誰に、どんな付加価値を提供し、
どう対価を得るのかの関係を明確に
課金ポイント

⑪課金モデルのイメージ

目次

・Yyビジネスの立ち上げを目指す背景
　・Xx事業部のミッション
　・Yyビジネスの魅力度

・Xx事業部の目指すYyビジネスの仕組み

・想定される収益計画

・アクションプラン
　・チーム体制
　・スケジュール

⑫目次

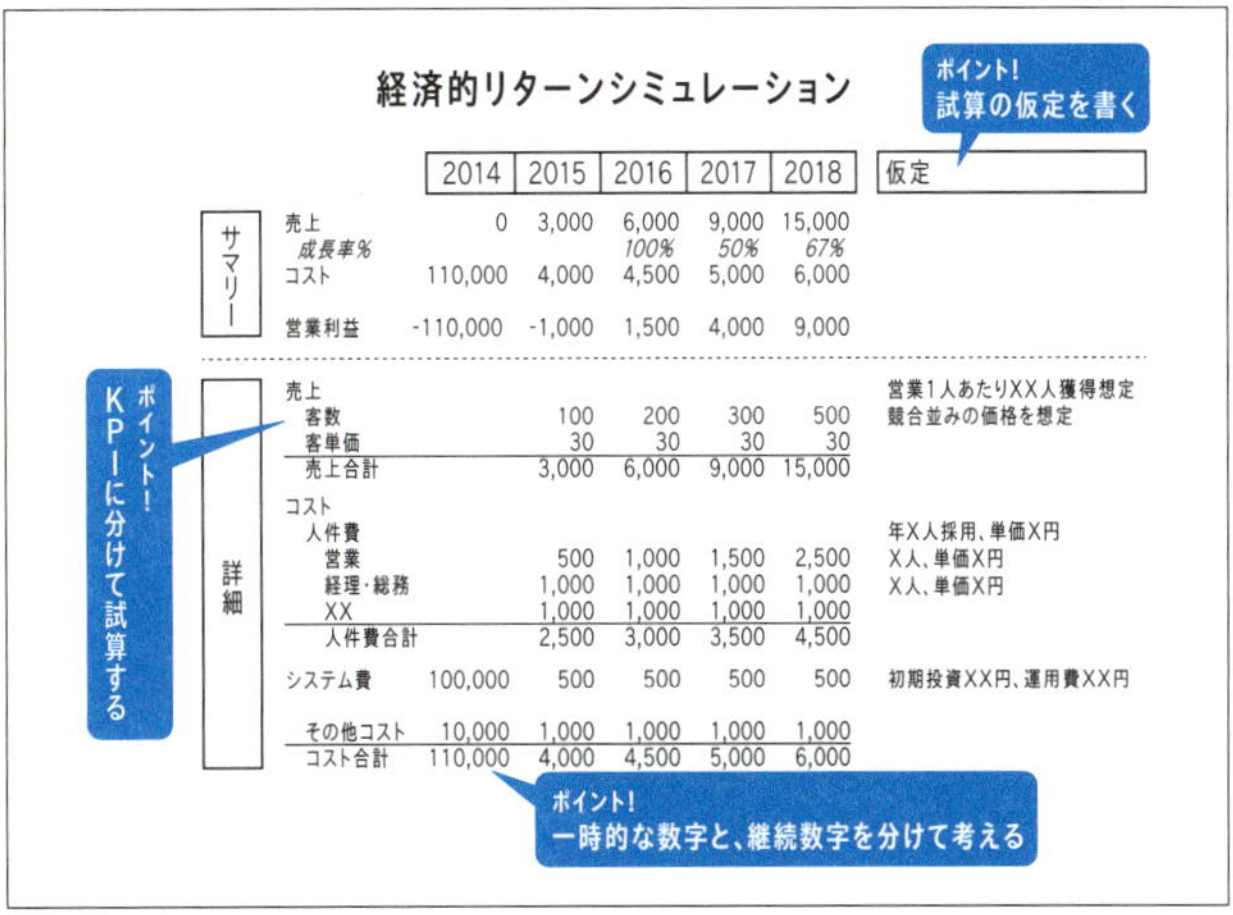

> ポイント！

> 試算の仮定を書く

		2014	2015	2016	2017	2018	仮定
サマリー	売上	0	3,000	6,000	9,000	15,000	
	成長率%			100%	50%	67%	
	コスト	110,000	4,000	4,500	5,000	6,000	
	営業利益	-110,000	-1,000	1,500	4,000	9,000	
詳細	売上						
	客数		100	200	300	500	営業1人あたりXX人獲得想定
	客単価		30	30	30	30	競合並みの価格を想定
	売上合計		3,000	6,000	9,000	15,000	
	コスト						
	人件費						
	営業		500	1,000	1,500	2,500	年X人採用、単価X円
	経理・総務		1,000	1,000	1,000	1,000	X人、単価X円
	XX		1,000	1,000	1,000	1,000	X人、単価X円
	人件費合計		2,500	3,000	3,500	4,500	
	システム費	100,000	500	500	500	500	初期投資XX円、運用費XX円
	その他コスト	10,000	1,000	1,000	1,000	1,000	
	コスト合計	110,000	4,000	4,500	5,000	6,000	

> ポイント！

> KPIに分けて試算する

> ポイント！

> 一時的な数字と、継続数字を分けて考える

⑬経済的リターンシミュレーション

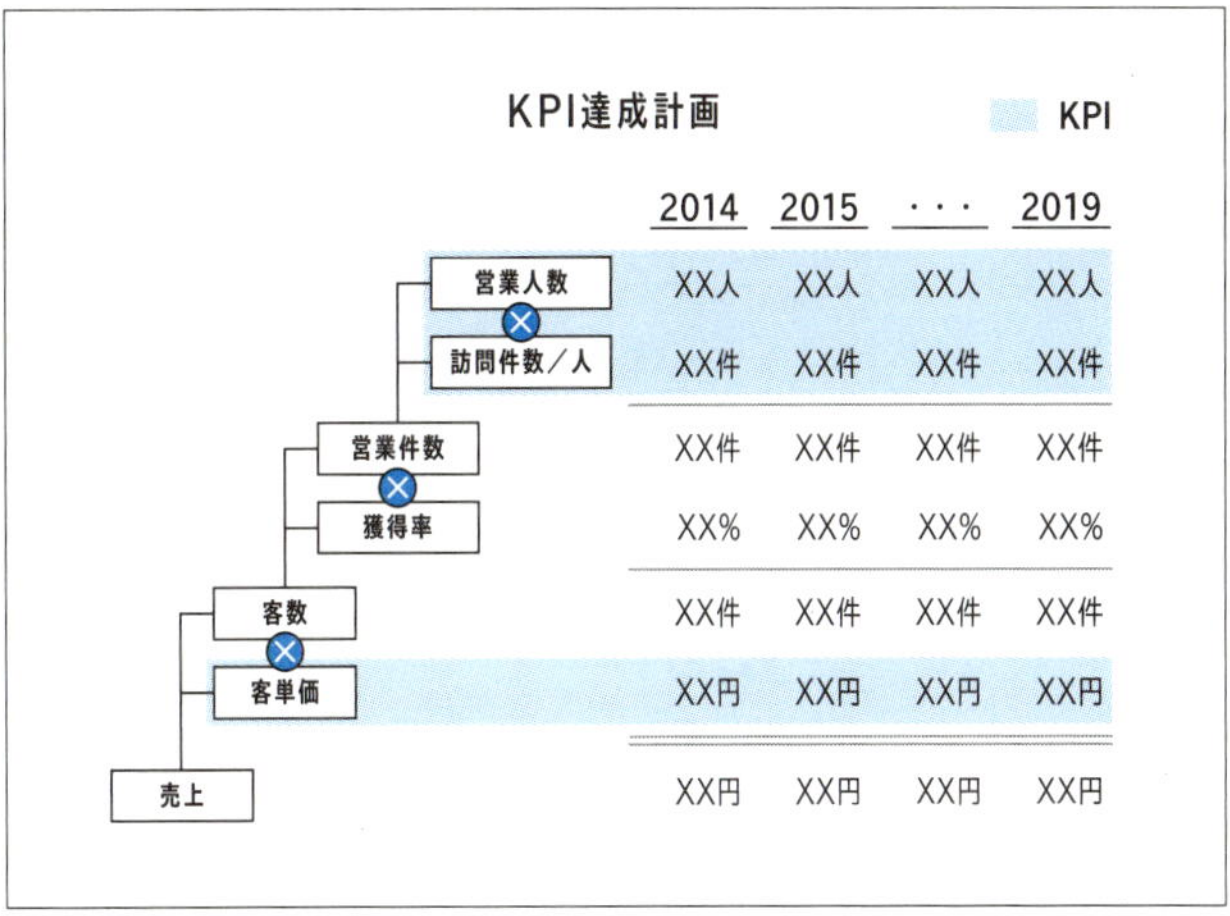

	2014	2015	・・・	2019
営業人数	XX人	XX人	XX人	XX人
訪問件数／人	XX件	XX件	XX件	XX件
営業件数	XX件	XX件	XX件	XX件
獲得率	XX%	XX%	XX%	XX%
客数	XX件	XX件	XX件	XX件
客単価	XX円	XX円	XX円	XX円
売上	XX円	XX円	XX円	XX円

⑭KPI達成計画

⑮経済的リターンシナリオ

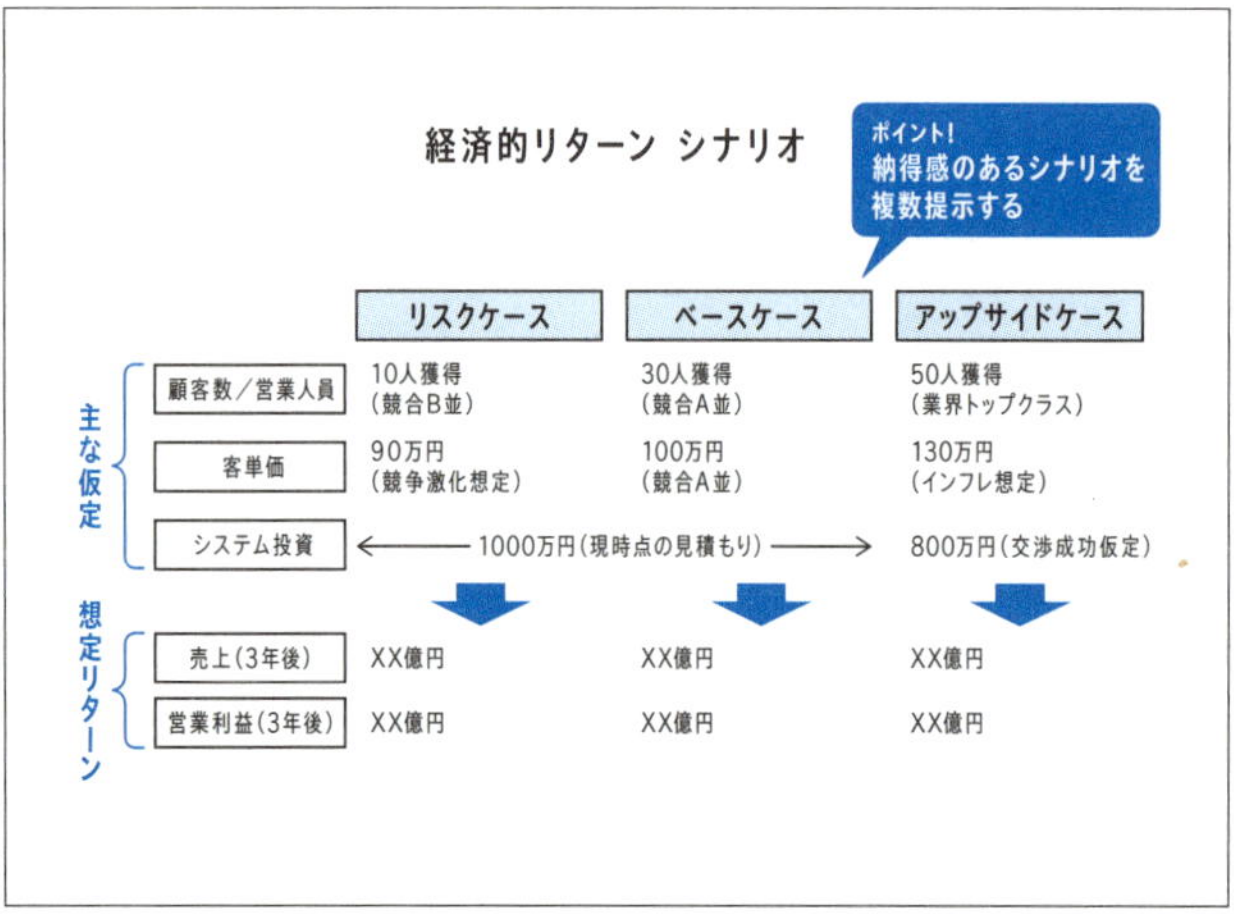

経済的リターン シナリオ
ポイント! 納得感のあるシナリオを複数提示する
リスクケース
ベースケース
アップサイドケース
主な仮定
顧客数／営業人員
10人獲得（競合B並）
30人獲得（競合A並）
50人獲得（業界トップクラス）
客単価
90万円（競争激化想定）
100万円（競合A並）
130万円（インフレ想定）
システム投資
1000万円（現時点の見積もり）
800万円（交渉成功仮定）
想定リターン
売上（3年後）
XX億円
XX億円
XX億円
営業利益（3年後）
XX億円
XX億円
XX億円

⑯目次

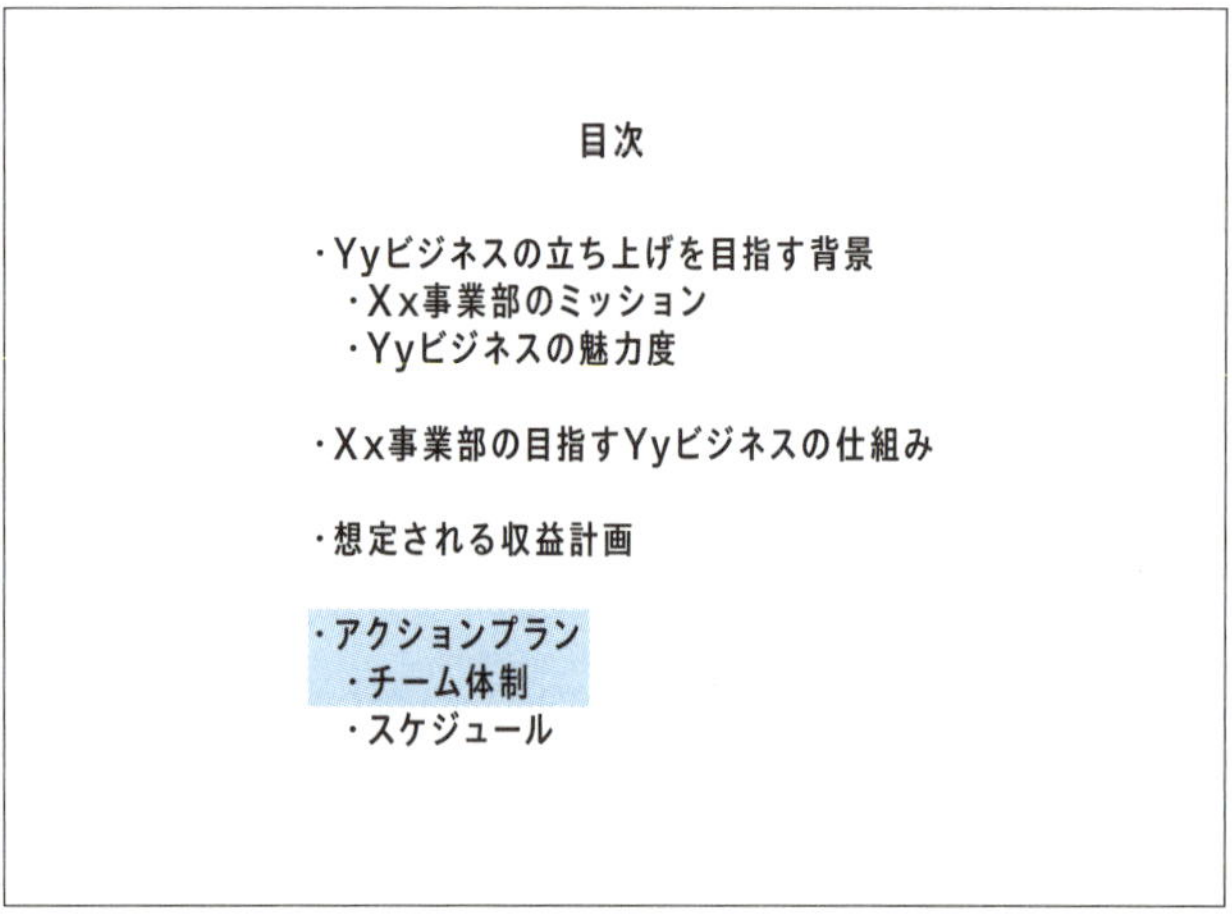

目次
・Yyビジネスの立ち上げを目指す背景
・Xx事業部のミッション
・Yyビジネスの魅力度
・Xx事業部の目指すYyビジネスの仕組み
・想定される収益計画
・アクションプラン
・チーム体制
・スケジュール

⑰体制図

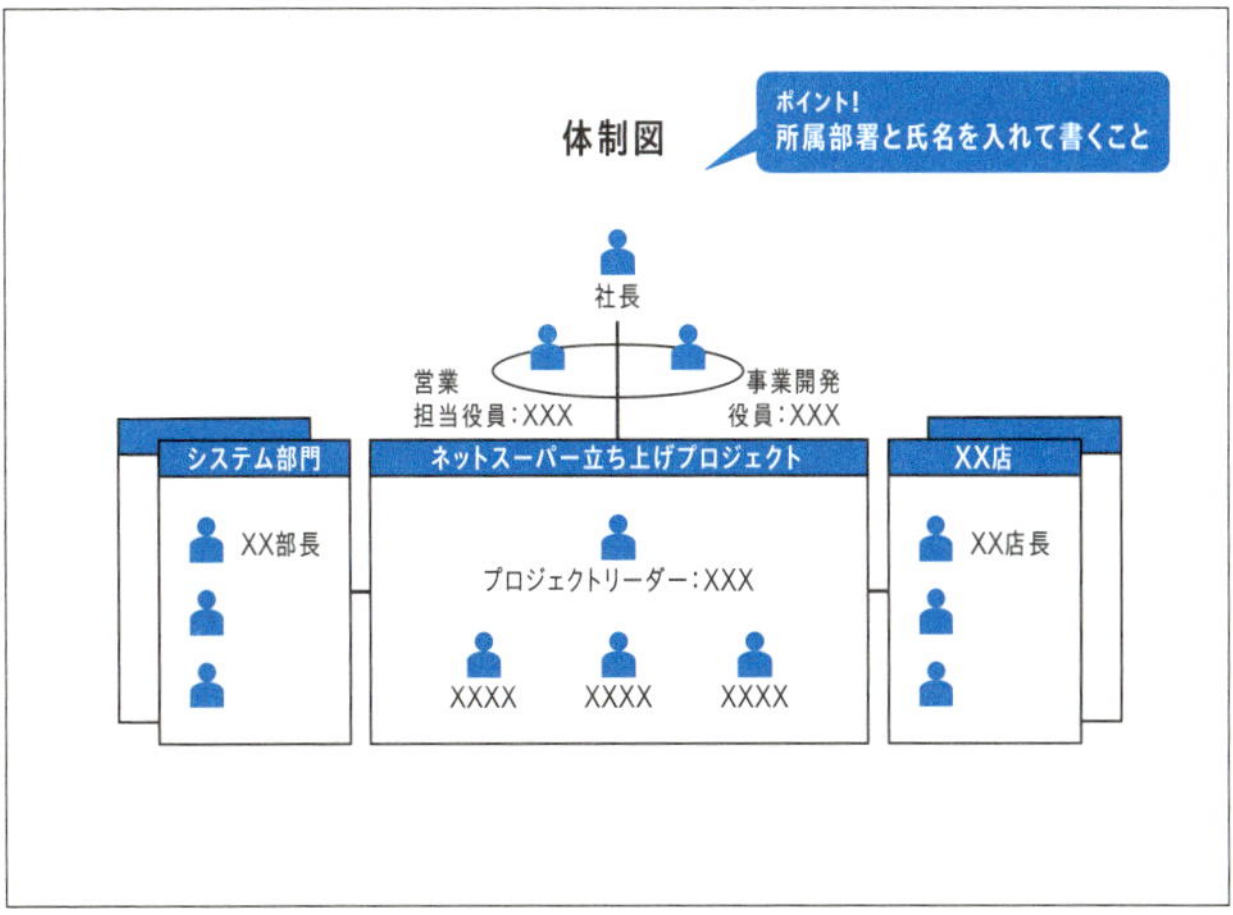
体制図
ポイント!
所属部署と氏名を入れて書くこと
社長
営業
担当役員:XXX
事業開発
役員:XXX
システム部門
XX部長
ネットスーパー立ち上げプロジェクト
プロジェクトリーダー:XXX
XXXX
XXXX
XXXX
XX店
XX店長

⑱目次

目次

・Yyビジネスの立ち上げを目指す背景
　・Xx事業部のミッション
　・Yyビジネスの魅力度

・Xx事業部の目指すYyビジネスの仕組み

・想定される収益計画

・アクションプラン
　・チーム体制
　・スケジュール

⑲スケジュール

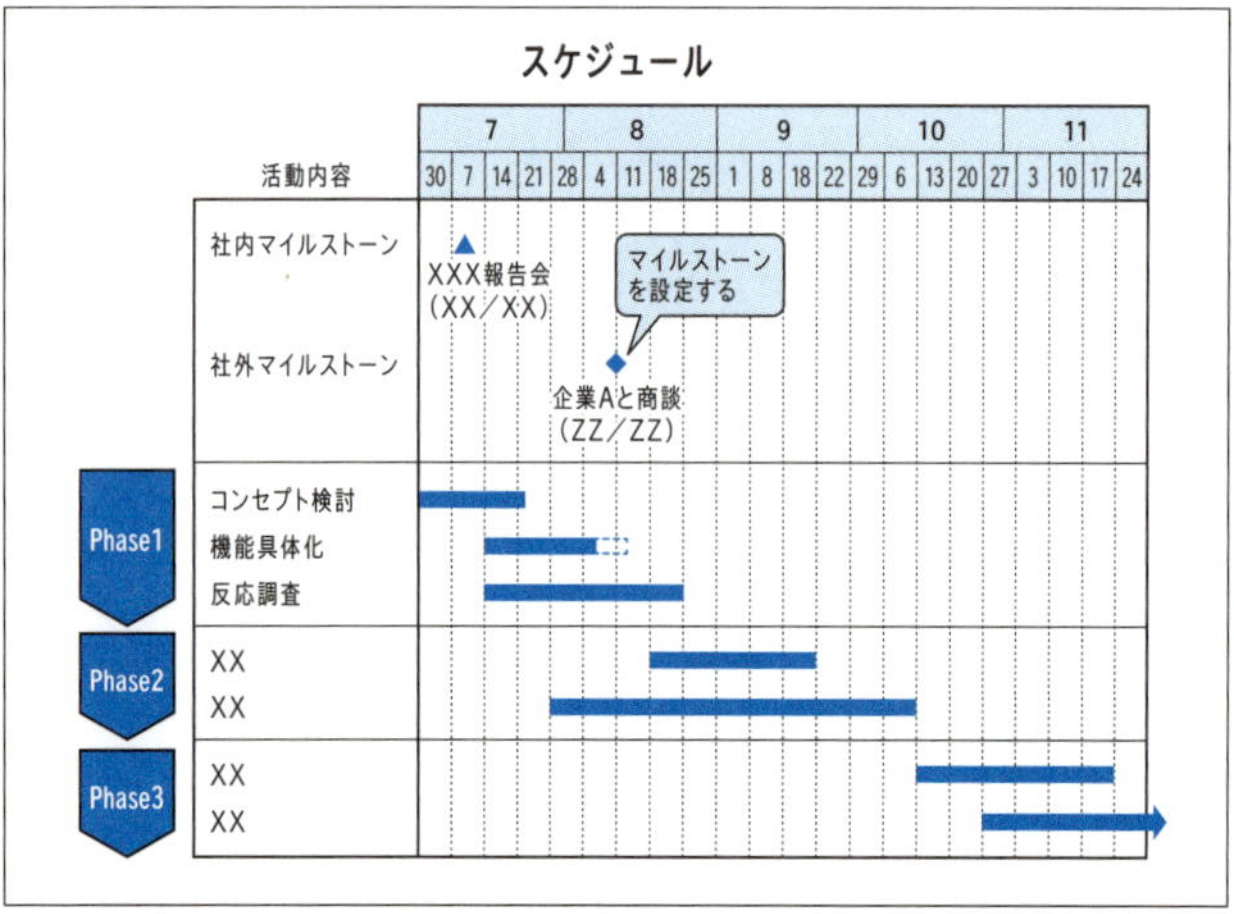
スケジュール
活動内容
7
8
9
10
11
30 7 14 21 28 4 11 18 25 1 8 18 22 29 6 13 20 27 3 10 17 24
社内マイルストーン
XXX報告会
(XX/XX)
マイルストーンを設定する
社外マイルストーン
企業Aと商談
(ZZ/ZZ)
Phase1
コンセプト検討
機能具体化
反応調査
Phase2
XX
XX
Phase3
XX
XX

⑳進捗管理

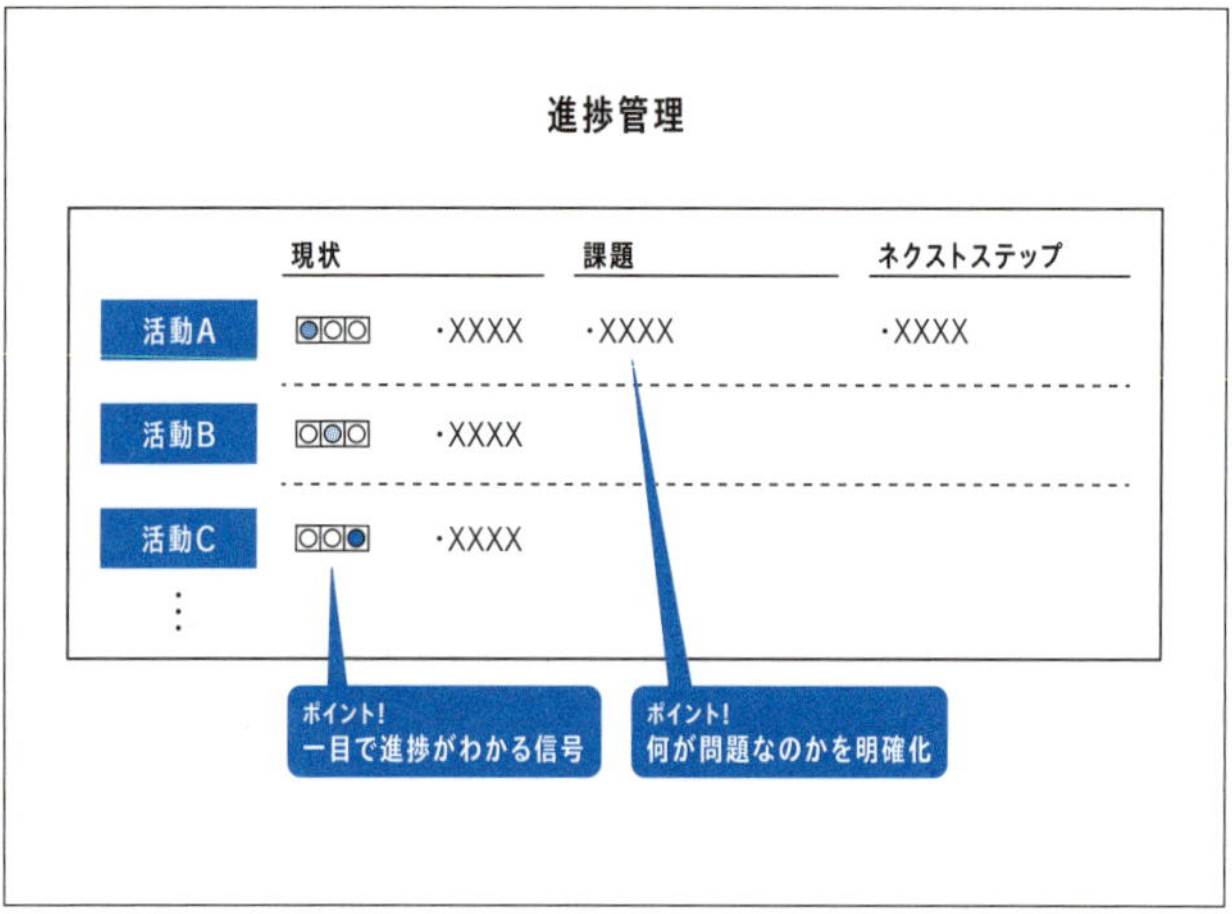
進捗管理
現状
課題
ネクストステップ
活動A
・XXXX
・XXXX
・XXXX
活動B
・XXXX
活動C
・XXXX
ポイント!
一目で進捗がわかる信号
ポイント!
何が問題なのかを明確化

おわりに

「はじめての事業計画のつくり方」
修了証書授与

まわりの共感とサポートを得、実行される事業計画書とは

最初にもお話ししましたが、「事業を行う」ということは、「アイデアを考える」「計画を立てる」「運営する」の3つのフェーズからできています。そして、「あ、これってビジネスになりそう」「こんな商品があったら売れそう」と思うことは、ビジネスをしているとよくあることだと思います。でも、それを実際に事業の形にしたり、まわりの協力を得て運営まで持っていくのはかなりハードルが高く感じますよね。

本書では、そんな「アイデア」を「運営」につなげるためのステップとして「事業計画のつくり方」をお話ししてきました。

最後に、本編の繰り返しになりますが、大事なポイントを3つお伝えしておきます。

1　まわりの共感とサポートを得られるような事業計画書にする

社長や上司はもちろんですが、同僚やチームメンバー、他部署など、たくさんの人に共感してもらえる事業計画をつくるということを大事にしてください。ミッションをつくったり、事業の魅力度を伝えたり、人を巻き込めるように組織図をつくったりするのは、すべてそのためです。

事業をしようと思ったら、ひとりではほとんど何もできません。どんなに精緻な事業計画でも、まわりの協力がなければ、運営を始めてもうまくいきません。多くの人にサポートしてもらえるような事業を考え、計画書をつくるようにしましょう。

まわりの人が共感してくれるかな、という視点で計画をつくっていくと、事業に対する自分の理解も深まります。

2　ざっくりと全体をつくってみて、徐々に精緻化していく

これも何度かお話ししたので繰り返しになってしまいますが、最初から細かく精緻にひとつひとつのステップを完成させようとしない、ということが、やっぱり大事です。必要なステップはけっこうたくさんあると思うので、これをひとつひとつ丁寧にやっていくと、すごい時間がかかってしまいます。また、たとえば市場が思っていたより大きくないとか、意外に営業利益が出ないとか、予想外の結果になったとき、また一から考え直すとさらに時間がかかってし

まいます。

ですから、まずは全体のステップをざっくりと1日などでやってみる。試算のところでも言いましたが、きちんと調べた正確な数値よりも、だいたいこれくらい、というざっくりとした数字でいいんです。あくまで将来の計画なので、わからないところはいくら時間をかけてもわからない。

一度ざっくりと最初から最後までつくってみて、この事業がけっこういい感じなのか、丁寧につくり込んでいくのに値するかどうか、検証してみてください。そしてこの事業はいけそうだとなったら、求められた時間の中でそれぞれの要素を濃くしていってください。

3 すべての要素を網羅する

今回説明した4つのステップやその中の要素は、できるだけすべて盛り込むようにしてください。情報がなくてわからなかった部分などは、浅くてもいいので、少しずつでも入っていると、プレゼンをされる側も安心して聞くことができます。また、つくるほうの自分たちも、いま自分がどういう事業をやろうとしていて、そのために必要な活動は何なのかというのがつくっていくうちにわかってきます。

最初はざっくりでいいので、手順通り最後までやってみる。そして時間が許す限り、これをだんだん濃くしていきましょうというプロセスでやってみてください。

21ST
CENTURY
BUSINESS
PROFES-
SIONAL

#04

修了証書

あなたは「21世紀スキルシリーズ」
『はじめての事業計画のつくり方』
講座において、
所定の課程を修了したことを証します

そして本講座で学んだことを、
つねに意識し、実践し
21世紀に輝くビジネスパーソンとして
今後も自ら進化し続けていくことを期待します

2014年8月
株式会社フィールドマネージメント
吉本貴志　伊藤公健

ディスカヴァーの21世紀スキルシリーズ

21世紀を生き抜くビジネスの教科書

#02 コンサル流　プレゼン資料作成術

吉本貴志・伊藤公健

なぜ、コンサルのプレゼンはすごいのか？　その秘密は資料づくりにあった！　社運をかけたコンペ、取引先への営業資料、社内での事業企画……あらゆる場面で“勝てる”プレゼン資料の極意とは？

定価 1300円（税別）

#01 実践型クリティカルシンキング
佐々木裕子

#03 数字で考える力
佐々木裕子

はじめての事業計画のつくり方

発行日　2014年8月25日　第1刷

Author	吉本貴志　伊藤公健
Book Designer / DTP	大原健一郎（NIGN）
Publication	株式会社ディスカヴァー・トゥエンティワン 〒102-0093 東京都千代田区平河町2-16-1 平河町森タワー11F TEL 03-3237-8321（代表） FAX 03-3237-8323 http://www.d21.co.jp
Publisher	干場弓子
Editor	大竹朝子
Marketing Group Staff	小田孝文　中澤泰宏　片平美恵子　吉澤道子　井筒浩　小関勝則 千葉潤子　飯田智樹　佐藤昌幸　谷口奈緒美　山中麻吏　西川なつか 古矢薫　伊藤利文　米山健一　原大士　郭迪　松原史与志　蛯原昇 中山大祐　林拓馬　安永智洋　鍋田匠伴　榊原僚　佐竹祐哉 塔下太朗　廣内悠理　松石悠　安達情未　伊東佑真　梅本翔太 奥田千晶　杉田彰子　田中姫菜　橋本莉奈
Assistant Staff	俵敬子　町田加奈子　丸山香織　小林里美　井澤徳子　橋詰悠子 藤井多穂子　藤井かおり　葛目美枝子　竹内恵子　熊谷芳美 清水有基栄　小松里絵　川井栄子　伊藤由美　伊藤香　阿部薫 松田惟吹
Operation Group Staff	松尾幸政　田中亜紀　中村郁子　福永友紀　山﨑あゆみ
Productive Group Staff	藤田浩芳　千葉正幸　原典宏　林秀樹　石塚理恵子　三谷祐一 石橋和佳　大山聡子　堀部直人　井上慎平　本田千春　木下智尋 伍佳妮
Proofreader	文字工房燦光
Printing	共同印刷株式会社

ISBN978-4-7993-1540-8